本书出版受到以下项目资助：

（1）湖北省社科基金一般项目（后期资助项目）"三峡库区贫困与生态环境的交互影响机制研究（项目编号：2019102）"；

（2）江汉大学武汉城市圈制造业发展中心主任项目"武汉城市圈农民工市民化意愿差异分析（项目编号：W2020Y10）"；

（3）江汉大学校级一般项目"贫困边缘人口预警监测机制（项目编号：2021yb087）"。

三峡库区贫困与生态环境的交互影响机制研究

■ 刘玥 著

WUHAN UNIVERSITY PRESS
武汉大学出版社

图书在版编目(CIP)数据

三峡库区贫困与生态环境的交互影响机制研究/刘玥著.—武汉:
武汉大学出版社,2021.10
ISBN 978-7-307-22622-7

Ⅰ.三…　Ⅱ.刘…　Ⅲ.三峡—流域—贫困—关系—生态环境—研
究　Ⅳ.①F127.63　②F127.719　③X321.2

中国版本图书馆 CIP 数据核字(2021)第 204419 号

责任编辑:唐 伟　　　责任校对:李孟潇　　　版式设计:马 佳

出版发行:**武汉大学出版社**　(430072　武昌　珞珈山)

(电子邮箱:cbs22@ whu.edu.cn　网址:www.wdp.com.cn)

印刷:武汉邮科印务有限公司

开本:720×1000　1/16　印张:10.75　字数:173 千字　插页:1

版次:2021 年 10 月第 1 版　　2021 年 10 月第 1 次印刷

ISBN 978-7-307-22622-7　　　定价:39.00 元

版权所有,不得翻印;凡购我社的图书,如有质量问题,请与当地图书销售部门联系调换。

前　言

2013 年 11 月，习近平总书记在湖南湘西考察时首次提出了"精准扶贫"的重要思想。同年，习近平总书记在十八届中共中央政治局第六次集体学习时明确指出，"绝不以牺牲环境为代价去换取一时的经济增长"，在各地调研时多次提出"既要绿水青山，也要金山银山""绿水青山就是金山银山"。因此，本书将选题关注于贫困与生态之间的互动发展问题，并于 2014 年开始着手规划相关研究。

2015 年夏，笔者团队在湖北、重庆两地多县市开展问卷调查，收集了 798 份详实的移民问卷。同时，本书收集了 2002—2017 年共计 16 年的年鉴、公报等二手数据用于研究，以解答在精准扶贫的攻坚阶段，如何在保护生态环境和减少贫困两个互相掣肘的问题上寻求"生态减贫"的有效路径。

2020 年末，我国已获得全面脱贫的伟大胜利。但经济发展和生态环境的良性互动依然是我国经济可持续性发展的长期课题。因而，本书的研究路径与研究结论在推动"生态经济"发展上仍具有较大的借鉴意义。通过回顾三峡库区生态减贫过程中的问题与成就，以期为中国的欠发展地区、生态脆弱区的经济发展提供更多的参考与借鉴。

目　　录

第1章　绪　　论

1.1　选题背景和研究意义

2011 年联合国发布的人类发展报告上强调保持环境的可持续发展与平等关系对我们拓展当代和子孙后代的自由十分重要。人类发展报告详细描绘了过去几十年来人类发展取得的巨大进步，但是如果我们不在全球范围采取有力措施努力减少环境危机和不平等状况，人类长久以来的进步将难以继续。而极端天气频发、生态危机的加重都在制约着全球减贫的步伐，严重影响着人类福祉。这促使我们去寻找一条环境友好、社会平等和人类发展的共赢之道。

随着我国经济的长足发展和多年扶贫成效的日益显露，集中连片的特殊贫困区诸如老区、山区、民族地区和移民库区等逐渐成为国家扶贫攻坚的主战场。多年的扶贫工作使"能扶的都扶了"，因此新时期扶贫的重难点是集中于特殊贫困地区的贫困人口，这导致扶贫开发的困难程度愈发加大[1]。根据《中国农村扶贫开发纲要（2011—2020 年）》公布名单，三峡库区位于我国 14 个集中连片贫困区中武陵山区和秦巴山区的涵盖范围，截至 2016 年，库区所辖 26 个区县中有 11 个县是国家级贫困县，贫困县域面积约占到三峡库区总面积的 63.7%，影响到的人口约占到三峡库区总人口的 45.2%。2014 年度库区城镇居民可支配收入为19356 元，农民人均纯收入为 9216 元，分别比全国均值少 32.8% 和 12.1%。以宜昌市为例，2015 年宜昌贫困人口为 44.3 万，贫困发生率为 17.6%[2]。由此可见，三峡库区在扶贫政策实施多年后，贫困人口的基数依然较大，这部分人口形成当前扶贫攻坚的"硬骨头"。三峡工程建设的整体搬迁移民工作令库区移民生计模式与生活环境彻底改变[3]。部分移民心存不满，令当地生产致富存在诸多困难，移民稳定形势不容乐观。若不能有效应对这种情势，移民的困境可能成为三峡的社会不稳定因素[4]。

　　三峡工程作为我国史上最大的水利枢纽工程建设和最大的工程移民项目，工程改变了库区的自然环境、生态环境和人类的生活环境。而三峡库区本身区域地质条件复杂，地质灾害时有发生，水土流失情况严重，水污染情况也不容小觑。山高坡陡、崇山峻岭的地质条件也造成当地交通运输、农业生产等条件均不便利。而由于大规模的移民搬迁，大量水田、房屋被淹，移民们在气候变化、生态破坏的综合影响下，减贫的诉求也更加复杂，愿望也更加强烈。而目前三峡库区正面临着"贫困恶性循环"的困境，自然环境只能承担有限的人口，超越一定限制将导致环境枯竭和退化。当库区复杂的地质条件，大规模的移民搬迁和生计、生态环境等问题交织在一起，贫困问题在这一地区呈现出尤为复杂的表现。

　　2013 年 11 月，习近平总书记到湘西考察时首次提出了"精准扶贫"的重要思想。而在 2015 年 10 月 16 日，习近平总书记又一次强调，中国扶贫攻坚工作"实施精准扶贫方略"，要"坚持中国制度的优势""坚持分类施策，因人因地施策，因贫困原因施策，因贫困类型施策"。精准扶贫工作的展开，第一步就是贫困户的精准识别，对于贫困户瞄准的准确性会直接影响到后面所有的扶贫工作的精准性。而当前中国用于扶贫工作的主要测度指标是基于收入的贫困线划分标准。收入贫困线是否满足当前精准识别的要求呢？答案当然是否定的。

　　在当前精准扶贫方略下，"生态补偿脱贫一批"是精准扶贫的重点内容。可见我国在精准扶贫形势下，生态环境恶化带来的扶贫困境也是如今扶贫攻坚阶段重点关注的问题。我国是农业大国，目前农业面源污染的形势已十分严峻。农用化学品的投放给土地增产的同时也带来了严重的环境污染。近年来，我国化肥消费量增长迅速，从 2000 年的 4146.4 万吨上升到 2014 年的 5995.9 万吨，年均增长 2.67 个百分点，呈现逐年直线增长趋势①。而在农药使用量上，1994 年时我国就超过美国，跃居世界第一。20 世纪 80 年代，我国开始推广农膜技术，希望改善高原及丘陵地区不良的耕地条件。追求经济发展而忽略了环境效益致使许多地区普遍不重视农膜的回收，许多地方需要扒开地膜才有可能看见土地。据统计，我国农膜平均残留量约为 35 万吨/年，而农膜污染更为严重，残膜率达到了

---

　　①　化肥消费量数据来源于《中国农业统计年鉴》，中国统计出版社 2000—2015 年版。

42%。我国农用化学品的过度投放可见一斑，这会严重威胁农业区的生态环境及制约农业经济的可持续发展。近年来国际绿色贸易壁垒的逐渐提高，也迫使我国愈来愈重视农业生产中农用化学品的使用。

党的十八大以来，习近平总书记一直强调中国目前的经济发展要"算大账、算长远账、算整体账、算综合账"，指的就是注重生态环境保护。2013 年 5 月 24 日，习近平总书记在十八届中共中央政治局第六次集体学习时明确指出，"绝不以牺牲环境为代价换取一时的经济发展"，在各地调研时多次提出"既要绿水青山，又要金山银山""绿水青山就是金山银山"。同时，在 2016 年 1 月，习近平总书记提出把修复长江生态环境摆在压倒性位置，共抓大保护，不搞大开发。可见在精准扶贫形势下，长江流域生态环境恶化带来的扶贫困境也是如今扶贫攻坚阶段重点关注的问题之一。

我国库区移民贫困问题与生态环境恶化、极端天气频发等诸多要素交织在一起，是我国新时期扶贫开发面临的一大困境。三峡库区生态环境目前在逐渐恶化，贫困也在不断加剧。那么，当前移民贫困的特征是什么？三峡库区贫困又呈现怎样的趋势？库区生态环境与贫困两者是如何交互影响的？其深层次影响机制和理论基础何在？是否能得到实证数据的检验？如何既能够兼顾库区减贫又能够让生态环境得到改善？本书拟通过系统的理论分析和实证研究科学探究三峡库区的生态环境和贫困之间的交互影响机制，提出当地针对性扶贫需要解决的首要问题和相应建议。

1.2 国内外研究现状

1.2.1 贫困的测度

1. 基于收入视角的贫困研究

经济学家 Rowntree(1901)提出了贫困的概念，在《贫困：城镇生活的研究》中，他提出一个家庭的所有收入不能够维持家庭的基本生存状况即为贫困，并根据预测得出一个六口之家一周 26 先令的贫困线[5]。而我国学者童星(1994)认为贫困是一个复合概念，是经济、社会、文化落后等的总称，是由于收入水平低导致一些生活必需品和基本服务无法得到满足的一种生活状况[6]。

　　而目前许多国家或地区均根据自身情况确定了基于收入的贫困标准，即贫困线。美国经济顾问委员会(1964)按 1962 年标准分别将家庭和无亲属的个人贫困线设定为 3000 美元/年和 1500 美元/年。美国经济学家 Orshansky(1965)用收入定义美国的贫困标准，将购买美国农业部食品计划所包含食物的费用的 3 倍设定为贫困线[7]。英国自 1979 年来对贫困的定义是"家庭总收入如果低于总样本中位数的 60%，即为贫困"。欧盟各国则是采用低于中位数 50% 的人均收入作为贫困线。世界银行(1990)确定的贫困线标准为"1 天 1 美元"，而到 2015 年时将其调增为"1 天 1.9 美元"[8]。中国作为多年致力于扶贫的大国，也有自己的标准。国家统计局在 1998 年确定了人均收入和人均消费的双重测度指标，而 2019 年现行中国农村贫困标准为年收入 3218 元人民币[9]。

　　为了更深层次地挖掘贫困，学者们围绕贫困线的确定开展了大量研究。Rowntree(1901)提出市场菜篮法来测度贫困[5]。用恩格尔系数表示贫困居民的基本生活线是研究者们认可的另一种表示贫困线的方法(彭建交，2020；陈闻鹤和常志朋，2020)。刘溪(2014)用恩格尔系数法和中位数收入法相结合的方法计算出了西安市的贫困线[10]。Foster(1984)提出 FGT 指数，认为基于给定的贫困线可以计算出贫困的深度和广度[11]。经济学家 Ravallion Martin(1994)提出的计算生活最低费用的方法被称为"马丁法"，马丁法可测算低贫困线和高贫困线[12]。赵建凌和赵梅等(2013)对云南人口较少民族地区进行农村最低生活保障标准测定时运用了马丁法，发现贫困的高、低线都远超过原国务院扶贫办认定的农村贫困线[13]。侯石安和谢玲(2014)采用 GQ 模型测度贵州省 2001—2012 年的农村 FGT 贫困指数，发现 12 年间贵州农村无论是贫困发生率、贫困深度，还是贫困强度均有明显下降[14]。李洪等(2020)在对四川农村的相对贫困标准测定时运用了改良的马丁法，提出"一线一体系"的相对贫困识别体系。孙巍等(2020)采用 FGT 贫困指数进行异质性视角下中国农村居民减贫效应研究，发现提高收入已不足以弥补收入差距扩大带来的贫困加深效应。

2. 基于多维贫困视角的贫困研究

　　诺贝尔经济学奖得主 Sen(1976，1985，1999，2001)[15~18]提出了能力贫困

(capability poverty)的概念,认为贫困的真正原因是贫困人口缺乏创造收入的机会和能力,那么贫困就并非收入这一口径可以单独确定的。此后,一些学者和国际机构则意识到贫困的测度应更加全面和丰富,因此提出了一些综合性的指标来回避单一口径带来的弊端,指出从被剥夺指标入手可以测度贫困,以多维贫困指数、资产指数等为代表,例如 Alkire(2007)、Liu 等(2017)、Garbero(2014)和Booyen 等(2008)。

资产与贫困之间存在一定的理论关系,物质资本增加能够创造更多的财富,使农户具有较强的风险抵抗能力,资产累积有利于贫困过渡,资产损失则可能使农户陷入贫困。Davis 和 Baulch(2011)认为,在贫困状态的动态定量评估中,采用基于资产水平的估计方法获取的评价结果更为稳定。鉴于资产能够更稳定地反映家庭的经济福利状况,进而衡量中长期的贫困状态,一些研究学者已经从仅以收入作为代理指标转向用家庭资产衡量家庭经济状态。目前对资产贫困线进行测度的方法主要有两种。第一种是线性支出模型法,通过回归家庭资产集与消费贫困线或低收入贫困线,得到维持贫困线消费水平或低收入水平的最小资产需求,即资产指数,学者将其定义为资产贫困线(汪三贵,2013)。Carter 和 May(2001,2006)将资产贫困线定义为能够产生于 C 值的资产组合:用 C_{it} 代表个人或家庭 i 在第 t 期的福利水平,c 为贫困线,当 $C_{it} \leq c$ 时,i 被定义为贫困,并提出了在资产贫困陷阱理论的基础上,利用农户的资产水平测度长期贫困的新思路,这也构成了甄别长期贫困与暂时贫困的第三种思路——将 Micawber 边界所处的资产水平作为判断农户是否处于长期贫困的标准,即动态资产贫困线。第二种是资产指数法,资产指数法被广泛应用于多维度贫困识别,用以衡量农户在资产方面的贫困程度。学界对资产的界定也从单一的农户耐用消费品拥有量扩展到农户生活的诸多方面。李佳路(2011)提出资产贫困的多维贫困线,从住房、耐用品、生产性资产及耕地角度入手,认为当一个农户同时存在上述 4 类资产贫困中的任何 3 种时,即被视为资产贫困。资产在识别贫困的时候比支出和收入等流量变量具有更强的稳健性,因此基于资产的贫困识别方法可以用于识别结构贫困和随机贫困,并可用于进一步分析贫困的动态变动情况(Garbero,2014;帅传敏等,2016;李文静等,2016)。与基于支出的贫困识别方法相比,资产指数可以识别贫困陷阱的构成原因,并可以用来预测未来的资产和支出状况(Tasie & Winter,2015)。

　　随着研究的深入和推进，学者们也在不断拓宽贫困的外延。诺贝尔经济学奖得主 Sen(1976，1985，1999，2001)认为贫困不是贫困线这一收入口径可以单独确定的，贫困的真正含义是贫困人口创造收入机会和能力的贫困，并提出了"能力贫困"(capability poverty)概念。此后，一些学者和国际机构试图从更全面的角度来度量贫困的程度，将过去单一的以收入或支出水平来度量贫困的方法改进为利用综合的指标来反映贫困的程度。目前学界广泛使用的是 Alkire 和 Foster (2011)提出的多维贫困指数(MPI)，这一标准也被联合国开发计划署(UNDP)采纳。Alkire 等(2015)引用了 UNDP 的多维贫困指数对印度的贫困问题进行研究，认为运用一组多维指标能够更直观地体现出印度扶贫计划目标与实际完成的差异。在多维贫困的指标体系构建上，许多学者也进行了广泛而深入的讨论，构建了包含收入、教育、资产、卫生等多维度的指标体系，中国精准扶贫的贫困标准"两不愁三保障"也是多维贫困识别的有效实践(王小林和 Alkire，2011；方迎风，2016；Liu et al.，2017；Serra et al.，2020；Wang et al.，2021)。

　　部分学者将时间概念纳入贫困测量体系，提出持续贫困概念，包括持续单维贫困(Okidi 和 Mugambe，2002；Hulme，2003；蔡亚庆等，2016)与持续多维贫困(张全红等，2017；姚树洁和张璇玥，2021)。但持续贫困测量关注的依旧是单期贫困与长期贫困，属于比较静态分析的范畴。其解释的是为什么某种贫困状态会持续存在，而未能观察到多期贫困状态的转移所反映的贫困状态变化问题(李博等，2018；Zwart & Lucassen，2020)。

　　目前学界广泛使用的是 Alkire 和 Foster (2011)[19]提出的多维贫困指数(MPI)，这一标准也被联合国开发计划署(UNDP)所采纳。Callander(2012)构建了收入、健康、教育的多维贫困指标体系，来研究澳大利亚三区域(城市区、城市郊区以及郊区)中的收入贫困个体以及多维贫困个体[20]。Garriga(2013)使用安全饮用水、卫生设施以及卫生室条件三个指标构建了贫困指数，并通过贫困指数排名优先确定贫困区域，帮助决策[21]。Alkire 等(2015)引用了 UNDP 的多维贫困指数对印度的贫困问题进行研究，认为运用一组多维指标能够更直观地体现出印度扶贫计划目标与实际完成的差异[22]。用单一的收入标准来识别贫困或低估个体真实的贫困情况，很难全面反映个体贫困的复杂性、脆弱性和持久性(方迎风，2012)[23]。邹薇和方迎风(2011)构建了收入、教育、生活质量的三维度八指标多维贫困指标体系并进行了测度，发现与单一的收入贫困测度方法相比，对同样样本的多维贫困测度，其结果有时会显现出贫困程度更严重、波动性更大，这表明贫困人口在应对外部冲击时是更脆弱的，其中教育贫困尤其严重[24]。叶开杏（2013）将贫困定义为一个人的基本生活需求没有得到满足，缺乏获取和享受正常生活需要的能力[25]。高燕（2014）在结合已有的研究基础上提出，贫困是综合性的概念，不仅体现为收入水平的低下，还体现在社会结构、权利分配、受教育机会等方面上[26]。

Bourguignon 等（2003）认为多维贫困是依据多维贫困指数确定的，核心是依据每个维度上的剥夺份额和程度[27]。李飞（2012）则指出多维贫困指数的大小主要取决于临界值 k 的大小，而 k 与研究者确定的贫困维度总数相关[28]。参照联合国的多维贫困测度经验，一般以 $k \geqslant 1/3$ 来定义多维贫困。邹薇和方迎风（2011）[24]、高艳云和马瑜（2014）[29]、Alkire 和 Santos（2014）[30]、杨龙和汪三贵（2015）[31]将 k 取值为 1/3，从多维贫困视角研究了多个地区的贫困问题。随着多维贫困的提出，多维贫困的测度也成了学者们关注的重点。多维贫困指数的构建方法主要有公理化方法、双界限法、模糊集法及主成分分析、多元对应分析等统计方法，其中公理化方法、双界限法、模糊集法运用较多。印度经济学家 Sen（1998）提出了贫困评价与度量的公理化方法[32]。我国学者王春萍（2007）[33]、李泉和王茜（2010）[34]基于公理化方法，对于贫困的度量展开了阐述。Alkire 和Foster（2011）定义了能力与多维贫困的测算方法——双界线方法，即通过选择每个维度的贫困线，将有一定数目及以上的维度处于贫困状态的个体确定为贫困者[19]。王小林、Alkire（2009）从住房、饮用水、卫生设施、教育等八个方面测度了中国城市和农村的多维贫困状况[35]。其后，孙秀玲和田国英等（2012）[36]、高艳云（2012）[37]、刘伟（2014）[38]、洪兴建和齐宁林（2014）[39]、张全红和周强（2015）[40]都基于双界线法从不同维度研究了家庭或地区的多维贫困问题，探讨其多维贫困的广度、深度和强度。Chatterjee 等（2014）基于模糊数学方法提出模糊环境下贫困指数的测算方法，并运用印度偏远地区的贫困农户数据验证了该方法的有效性[41]。张嘉露（2015）基于模糊集方法利用中国健康与营养调查（China Health and Nutrition Survey，CHNS）2011 年的数据，从经济、资产、教育、生活环境、健康五大维度测算全国和各地区的贫困状况，并进行比较分析[42]。实际运用中，相对简单的双界线测算方法应用较多。

1.2.2　生态环境的测度

在对生态的度量上，学者们从不同的角度出发采用了不同的变量度量生态环境。

1. 基于碳足迹视角的测度

部分学者采用碳足迹作为生态环境的表征。刘敬智（2005）以环境载荷、国土面积、净生态面积、标准生态面积、环境压强等五个指标作为工业国家生态压力指标进行了五个国家的环境压力对比分析[43]。焦文献（2014）采用 STIRPAT 模型，对经济增长与碳足迹之间的动态关系进行岭回归函数拟合，实证结果验证了环境库兹涅茨曲线的存在[44]。赵涛（2014）从中国 1996—2010 年的数据入手，以能源碳足迹表征生态压力，并分析其变化趋势，在此基础上对生态压力与人均 GDP 之间的关系进行了脱钩分析[45]。

2. 基于环境污染视角的测度

部分学者以物质消耗或污染物排放总量、污染物排放强度来度量生态环境。王青（2005）等借助物质流账户方法，将中国 1990—2002 年国内物质消耗 DMI 与 GDP 进行关联分析，对 DMI 进行了反弹和减量效应分解[46]。李慧明、王磊（2008）基于拉斯贝尔指数的减物质化影响因素完全分解模型研究 1895—2006 年我国能源消耗情况[47]。于法稳（2009）用 2000—2006 年工业产值与工业用水量分析生态与工业生产的脱钩状况[48]。王崇梅（2009）基于脱钩指数分析了我国 1990—2007 年经济增长与能源消耗脱钩的状况[49]。王虹（2009）以能源消耗和环境压力为生态指标分析了我国自改革开放以来经济发展与生态变化的变动关系[50]。李惠娟等（2010）以 47 个地级资源型城市的工业烟尘、废水、二氧化硫等污染物为生态环境破坏指标，分析其与经济发展的倒 U 形关系[51]。王文哲（2011）利用绿地覆盖率、工业废气排放量、环境污染治理投资占 GDP 比重、碳排放强度、清洁能源占比等环境指标来构建低碳型环境保护指标体系[52]。

3. 基于自然环境视角的测度

杨丽雪(2014)从碳排放、土地沙漠化、森林覆盖率等多个角度来衡量生态环境质量，并分析其与农民人均纯收入之间的 U 形关系[53]。北京师范大学绿色减贫指数课题组(2014，2015)以人均森林面积、森林覆盖率、单位面积耕地化肥使用量等指标衡量资源利用及环境保护程度，并与经济增长率、社会发展、扶贫效果结合共同构建绿色减贫指数[54~55]。刘华民(2012)[56]从高温、干旱、风沙等极端天气的角度，韦惠兰(2012)[57]从气温、降雨、蒸发量、风速等气象条件的角度，陈伟娜(2013)[58]从植被净初级生产力的角度分别探讨了气候变化与农民生计、可持续能力间的关系。许月卿等(2006)[59]、曾永明等(2011)[60]以及刘一铭等(2015)[61]等以地形、地貌等自然指标应用 BP 神经网络模拟地质条件致贫指数。

1.2.3 生态环境与经济的关系

1. 基于环境库兹涅茨曲线的研究

对生态环境与经济的关系，现在主要有三种观点，形成了三种派别。作为悲观派代表的罗马俱乐部(1972)[62]在研究报告《增长的极限》中，基于系统动力学模型分析生态环境与经济发展的关系，认为如果人口膨胀、资源消耗、环境恶化的发展趋势保持不变，人口数量和工业生产力未来会发生极其突然和不受控制的断崖式下降。而作为乐观派代表的 Kahn 则认为经济增长是首要的，经济发展能够为其他问题的解决提供资源和基础，这样才有可能解决生态环境问题。以协调派为代表的 Daly 融合了悲观派和乐观派两派的观点，提出了可持续协调发展理论和循环经济理论。

许多国外学者基于环境库兹涅茨曲线(EKC)进行了多种污染物与收入之间的分析，Seldon 和 Song (1994)[63]、Torras 和 Boyce (1998)[64]、Stern (2004)[65]、Shahbaz(2013)[66]、Apergis (2016)[67]不断提出了新的证据验证了二氧化硫、二氧化碳以及悬浮颗粒物等大气污染物与人口收入水平之间的倒 U 形关系。而不同的污染物所对应的收入拐点并不一致。世界银行(1992)的估计结果显示，一般污染物的排放转折点出现在人均收入 8000 美元左右。而其他学者依据不同国家和地区的数据预测，对于空气污染和水污染而言，其拐点会出现在人均收入 5000～8000 美元之间。

国内学者在 EKC 理论的基础上，也从不同地区的污染数据入手展开了对中国的实证研究。邢秀凤等(2006)基于山东共 15 年的人均收入数据和工业废水排放量数据进行研究，发现两者在时序上呈现"U 形"加"倒 U 形"的曲线关系[68]。朱骏锋(2009)对淮河流域工业化水平和生态环境质量水平分别进行了测度及关系研究，发现除了工业废水排放量外，其他生态环境质量的指标与工业化水平之间的关系并不符合 EKC 的基本形态[69]。王良健等(2009)以东部 11 个省份 17 年间的经济与生态环境质量指标的面板数据为基础，基于协整模型和误差修正模型的方法，发现两者呈现出"S 形"曲线关系[70]。李惠娟等(2010)重点研究资源型城市的 EKC，基于 47 个地级市 7 年间有关经济增长与工业污染物的面板数据，发现不同污染物的 EKC 拐点出现时间不同，和全国样本相比，资源型城市的 EKC 拐点出现时间也不同[51]。何枫和马栋栋等(2016)以空气污染物入手，基于2001—2012 年中国大部分省区市的面板数据，发现雾霾与经济发展之间呈现"N形"的 EKC 关系，在中国的东、中、西部，雾霾污染的 EKC 表现差异非常明显[71]。臧传琴(2016)同样从空气污染物切入，以中国 31 个省区市(未含港澳台地区)的样本数据为基础研究发现，在 EKC 曲线部分，东部地区与中西部相比，曲线较为扁平，拐点出现得较晚而且位置较低[72]。此外，还有不少学者认为EKC 并不一定是"倒 U 形"的曲线，也可以有"N 形""S 形"等多种形态。

大多数基于环境库兹涅茨曲线的研究都是从研究工业污染物开始的，而针对农业面源污染的 EKC 研究出现得较晚。刘扬和陈劭锋等(2009)采用非线性回归的方法对全国及 31 个省区市(未含港澳台地区)1949—2007 年化肥施用量与人均农业总产值之间的 EKC 关系进行了检验[73]。张晖、胡浩(2009)使用江苏省1978—2007 年的数据对江苏省经济发展水平与过剩氮污染之间的关系进行了检验[74]。杜江和刘渝(2009)运用 1997—2005 年的面板数据对农业增长与农用化学品(农药和化肥)投入之间的 EKC 关系进行了验证[75]。李海鹏、张俊飚(2009)运用 1998—2006 年的面板数据对各省化肥投入密度、农药投入密度、畜禽粪尿排泄物密度与经济增长的关系进行了实证分析[76]。刘莹和魏国学等(2014)基于2008 年 5 省 101 个村 2028 个农户的分层抽样调查数据进行回归，结果表明农村卫生环境污染程度与收入水平之间呈现典型的 EKC 曲线关系[77]。沈能和张斌（2015）以生产率为视角探索农业增长与农业环境的相对关系，拓展了传统环境库兹涅茨曲线（EKC）的研究内涵，研究发现农业增长与环境生产率之间是"正 U 形"的关系，曲线的左半部分表示农业增长与环境生产率处于反向发展的阶段[78]。朱哲毅和应瑞瑶等（2016）构建选择性实验，测算"技术补贴""设施补贴"和"收入补贴"三种不同的补贴政策下养猪收入的 EKC 拐点，认为当收入主要被设施、技术等因素决定时，收入才会影响到农户的污染处理行为[79]。以上这些研究大都支持农业面源污染的 EKC 假说。

空间计量经济学由于考虑了空间相关性对经济活动的影响，因此较好地突破了传统计量经济学的空间无关联和匀质性假设，尽可能地消除了测算结果中可能存在的空间偏误。目前为止，学者们还较少采用空间计量经济学方法对环境库兹涅茨曲线（EKC）问题进行研究。Rupasingha 等（2004）[80]和 Maddison（2006）[81]分别基于空间误差模型和空间滞后模型两种空间回归模型分析了美国县域和国别连个级别的污染的 EKC 曲线。两人的研究都采用横截面数据，也都发现了与普通面板相比，空间计量模型得到的估计结果更加合理与稳健。因此如果忽略空间相关性的存在，回归结果会产生显著偏误，形成错误结论。中国的学者近年来也开始逐渐采用空间计量方法来分析我国的 EKC 相关问题。黄莹等（2009）[82]、朱平辉等（2010）[83]以及 Guo 和 Zheng（2012）[84]从工业污染物入手，试图以空间固定效应模型拟合 EKC，发现经济增长与环境质量之间具有显著的空间相关性，估计结果表明大多数的工业污染物与人均收入间也都满足 EKC 的假设。吕健（2011）以中国 31 个省区市（未含港澳台地区）为样本，分析经济增长与环境污染之间的相对关系，发现区域经济增长存在全局以及局部的空间自相关，且对经济增长贡献越大的企业，其废渣污染和废气污染也越大[85]。吴玉鸣（2012）分析能源消费行为在东部六省的空间溢出效应，发现能源利用效率等因素具有很强的溢出效应，会刺激邻近区域的能源消费行为[86]。郝宇和廖华（2014）比较了传统计量模型与空间计量模型下能源/电力消费的 EKC 曲线，发现若将能源/电力消费的空间自相关性忽略，那么 EKC 曲线所对应的人均 GDP 拐点比预期的更高[87]。

2. 基于 DSR 模型与脱钩分析的研究

目前极端天气频发、生态危机加重，制约了减贫的步伐，学者们对此非常关注。目前已有许多学者基于驱动力(driving force)状态(state)响应(response)模型 (即 DSR 模型)构建相应指标体系,研究生态安全与可持续性的问题[88~97](详见表 1.1)。而学者们研究生态与经济的相对关系时,多采用脱钩分析①探讨资源消耗、环境压力与当代经济发展的关系[98~103]。

表 1.1 学者基于 DSR 模型的指标构建

作者	研究内容	驱动力(经济、社会、环境)	状态(环境)	响应(经济、社会、环境)
Guatam(2005)[88]、邵田(2008)[89]、赵兴国(2011)[90]、谈迎新(2012)[91]、Dios-Palomares (2014)[92]、庞雅颂(2014)[93]	生态系统健康、生态安全评价	人口密度、土壤侵蚀、环境负荷、行业产值、人均住房面积、人均 GDP、人口自然增长率、工业 SO_2 排放、CO_2 排放强度等	地质灾害总数、景观生态丰度指数、海拔、坡度、绿化覆盖率、空气质量优于二级的天数、区域环境噪音平均值等	植被覆盖指数、水环境质量、土壤垦殖、工业固体废弃物处理率、城市生活污水处理率、第三产业占 GDP 比重、医院床位数/万人、在校生人数/万人、退耕还林面积
王雪琴(2012)[94]、程敏(2012)[95]、刘雷(2013)[96]、张苗 (2015)[97]	城市环境与资源管理	人均 GDP、单位 GDP 水耗、城市化率、单位 GDP 能耗、矿产资源年开采量、建设用地年增长率等	森林覆盖率、建成区绿化覆盖率、水土流失面积占总面积比例、空气污染指数、城市综合容积率、地均净碳排放量	城镇生活污水集中处理率、生活垃圾无害化处置率、工业固废处置利用率、危险废物处置率、退化土地恢复率、地均污染治理金额等

资料来源:笔者根据相关文献整理而得。

3. 基于生态效率的研究

生态效率由德国两位学者 Schaltegger 和 Sturm 于 1990 年首次给出定义,认为其是经济增长与环境影响的比值[104]。不同的组织和专家学者在统一的核心思想下,对生态效率进行了表述,即:生态效率就是将经济发展和资源环境结合。生态效率这一概念简单而且政策意义极强,一经提出,许多专家学者就开始致力于

———————

① 经济合作与发展组织(OECD)认为当环境压力的增长比它的经济驱动因素的增长慢时,就是环境退化与经济增长的脱钩。

生态效率的应用和研究，随着对生态效率的定义和内涵的研究不断深入，出现了一些具有深远影响的生态效率的概念。

各国学者运用了多种方法评估生态效率，主流的有指标比值法、能值法、物质流法、因子分析法、数据包络法。季丹(2013)对区域生态效率进行了界定，通过引入生态足迹方法，给出了区域生态效率的计算模型，对我国 30 个地区的生态效率进行了分析和计算[105]。

李兵(2007)运用生态足迹模型对成都某企业的生态足迹和生态效率进行了计算，发现该企业的生态效率为每平方公里 472384 元，生态效率水平较高[106]。邱寿丰和朱远(2012)运用国家生态足迹账户计算方法测度与分析了福建省的生态足迹和生态承载力[107]。陈傲(2008)则采用因子分析法(PCA)评价我国 29 个省域的生态效率异质性[108]。韩瑞玲、佟连军等(2011)运用基于熵权的 TOPSIS 方法，分别测算了辽宁省 19 年间的资源效率、环境效率，以及生态效率，用以评价辽宁省的循环绿色经济发展轨迹[109]。朱玉林、李明杰等(2012)借鉴 HTOdum 的能值研究方法，分析湖南环洞庭湖区农业生态系统的能值结构、功能和效率，发现洞庭湖区当前自然资源和环境的压力未超出预期，但人口承受力超负荷[110]。周萍(2009)等分析了黄土丘陵区退耕还林政策实施前后农业生态系统的能值变化指标[111]。严茂超等(2001)[112]、朱璐平和李海涛等(2012)[113]使用能值分析方法研究了西藏、江西、广州的生态经济系统可持续发展的状况。邱寿丰(2007)通过对相关指标进行分析，认为关于物质循坏的目标，DMI 和 DPO 抑制自然资源消耗和减少环境负荷的相关性较为密切，基于 DMI 和 DPO 的生态效率指标可用于循环经济的恰当测度，可有效地评价社会的循环经济发展状况[114]。

而在生态效率评估上，运用最广泛的还是数据包络法。Sarkis(2011)建立了六种 DEA 模型分别分析测算了 48 家电厂的生态效率水平，结果发现不同的 DEA 模型的分析结果不同[115]。Kuosmanen(2005)建立 DEA 模型，用环境压力作为系统产出指标，对芬兰的公路运输业的生态效率进行了分析[116]。我国学者也曾尝试用 DEA 方法对我国行业、企业、工业园区及区域生态效率进行评价。Hua(2007)建立非径向 DEA 模型分析了淮河流域造纸厂的生态效率[117]。杨文举(2009)从经济产出数据中得出环境压力指标的内生权重，以此计算各个单元能取得的最大的相对生态效率。[118]Caneghem(2010)采用脱钩分析研究环境影响与经济的相对关系，并对比利时弗兰德地区的产业生态效率的变动趋势进行了分析[119]。Wursthorn(2011)试图建立适用于整个欧洲的生态效率核算统计框架[120]。王恩旭(2011)采用超效率 DEA 模型架构了生态效率投入产出指标体系，对我国30 个地区的生态效率进行了评价分析[121]。王珂(2011)引入生态效率评价的网络DEA 模型，对农药产品生态效率进行了测度与评价[122]。付丽娜和陈晓红等(2013)基于 Malmquist-DEA 模型对长株潭"3+5"城市群的生态效率进行了动态对比研究，发现城市群整体生态水平较高，但是城市间差距较大[123]。陈黎明、王文平等(2015)基于混合方向性距离函数模型(HDDF)，以 2011 年"两横三纵"城市化战略格局中 62 个重要节点城市为样本，对他们的经济效率、环境效率和生态效率进行分析，发现这 62 个城市的三大效率依然存在较大的上升空间[124]。

我国一方面是农业大国，另一方面也是农业污染大国。为解决农业生产污染日益加剧的问题，学者们将目光聚焦到了农业生态效率上。吴小庆、王亚平等(2012)运用偏好锥的 DEA 模型，采用无锡市 1998—2008 年农业生产和面源污染相关数据，对农业生态效率进行了评价分析[125]。潘丹和应瑞瑶(2013)利用 SBM模型，对全国 30 个省份 12 年的农业生态效率进行了测算，发现我国农业生态效率正在缓慢上升，但是除北京、上海、海南、重庆四地达到较高的农业生态效率外，其余省市均需要优化农业生态效率[126]。肖新成、何丙辉等(2014)基于参数化方向性距离函数，测算重庆 12 年间农业面源污染的排放效率和影子价格，发现库中的平行岭谷区、沿江山地丘陵区和外围山地区的农业面源污染排放效率低，污染物的影子价格高[127]。许朗、罗东玲(2014)在测算 13 个粮食主产区2000—2012 年的农业生态效率的基础之上，采用 Malmquist 指数对其进行动态分解，发现虽然农业生态效率有所上升，但农业生产技术进步和综合技术效率都有所缺失[128]。王宝义、张卫国(2016)利用 SBM-Undesirable 扩展模型，将八类反映人、财、物的具体指标作为投入，设置期望产出和非期望产出，分全国、东中西、八经济区及省际农业(种植业)四个层次测算了生态效率[129]。

1.2.4　生态环境与贫困的关系

1. 环境、灾害与贫困的关系

贫困和生态环境之间的关联早已被确认，一些理论模型一直在试图解释贫困与环境的关系。Broad(1994)认为很多贫困人口实际上是环境保护者，而广义的贫困人口应细分为一般贫困人口和深度贫困人口，其中深度贫困人口才更有可能采取破坏环境的手段去获取生计[130]。Jahan S. 等(2003)将贫困和生态环境的关联定义为双向关系，即贫困和生态环境是互相影响的[131]。Lawson E. T. 等(2012)提出恶性循环模型，认为自然环境只能承载有限的人口，超越一定限制将导致环境枯竭和退化[132]。阿布都沙塔尔等(2007)认为贫困加深与生态环境退化之间的恶性循环是造成贫困落后地区经济社会非持续发展的重要原因[133]。殷洁等(2008)认为，三峡库区正面临着"贫困恶性循环"的困境[134]。罗娅等(2009)将GIS和参与式农村评估(PRA)相结合，分析了喀斯特地区环境退化与贫困之间的关系，指出环境退化引发的自然灾害与贫困之间存在较强的互动关系[135]。程宝良(2008)认为，西部生态脆弱与贫困之间存在复杂的双向因果关系，构成西部生态脆弱带与贫困区分布相对重合的特征[136]。孙昕萌(2011)认为，单一的人口和产业结构是导致生态环境恶化、草原生态系统面临崩溃、大多数农牧民返贫的主要原因[137]。阳茂庆(2010)认为，人口、资源、环境不协调是贫困地区致贫的主要根源[138]。贫困作为一种双重约束，使得贫困人口经历较高的生计风险，如坦桑尼亚乞力马扎罗山脉居民为弥补下降的农业收入而砍伐树木，这在一定程度上导致了生态环境被破坏(Ferdinand I. et al., 2012)[139]。李仙娥(2013)发现，生态环境恶化与贫困深化共生共存，应将生态扶贫纳入大扶贫格局并构建生态保护与减贫的互动模式[140]。杨庭硕和皇甫睿(2017)认为新时期的扶贫攻坚应从生态文明的角度，采取"生态扶贫"的相关举措，以达到从单纯的经济行动跃升到追求文化生态公平公正的新高度[141]。

贫困与环境退化之间的复杂关联仍是研究和争论的焦点，用于揭示两者关系的实证研究仍在继续。佟玉权(2003)等认为中国贫困地区的分布与生态环境脆弱地区的分布之间存在一种地理空间意义上的非良性耦合[142]。有学者从两者耦合关系角度开展了实证研究，王雪妮等(2011)研究发现中国水贫困与经济贫困之间的耦合关系正由西向东逐渐转好[143]。逯承鹏等(2013)研究发现宁夏市的经济发展与环境压力之间呈现负向耦合[144]。丁文广等(2013)研究发现甘肃省形成了贫困—生态退化—灾害频发的恶性循环[145]。曹诗颂等(2015)以秦巴特困山区为例，发现生态资产越低的地区其经济贫困程度越高，并提出应将生态资产管理纳入到扶贫格局中[146]。Song Conghe 等(2014)对中国 2001—2010 年实施的退耕还林政策的可持续性及对参与农民生计的影响进行了评估，基于安徽、湖北和山西等省农户调查数据，得出退耕还林在改善生态环境的同时，也为贫困家庭提供了一张安全网[147]。帅传敏和王静等(2017)通过系统动力学方法对重庆万州区生态减贫策略进行仿真研究时发现环境污染和地质灾害治理方案均可减少贫困发生率[148]。Ahmed S. A. 等(2011)研究表明，极端气候变化将导致坦桑尼亚每年新增 65 万贫困人口，由此带来的粮食产量波动进一步加剧了其贫困和脆弱性[149]。但也有学者认为，贫困与环境之间的关系并不是一成不变的，而是一种受时间影响的动态关系(Lawson E. T. et al., 2012)[132]。

针对贫困人口更依赖于资源而导致资源退化的观点，郭素玲(2015)认为我国农业主产区的农民似乎陷入了"施用化肥—土地贫瘠化—再次施用更多化肥—土地愈发贫瘠"的恶性循环，过分依赖土地，而非依赖农业生产技术，导致土地贫化，粮食也无法增收[150]。Khan S. R. 等(2009)的定量研究结果表明：贫困与森林退化之间没有必然联系，贫困与资源依赖之间没有明确的关联[151]。但也有研究显示，生态环境的改善可以显著减少贫困人口。以鄱阳湖地区为例，与 MRL (山-河-湖)计划实施前相比，该地区重度污染土地和严重水土流失面积分别减少了 55.2% 和 53.6%，水土保持能力提升了 25.2%，农民净收入提高了 6 倍，而生活在贫困线以下的人数由 1000 万减少至 86.5 万(Huang Lin et al., 2012)[152]。

随着人类生存环境的恶化，越来越多的学者开始关注灾害对人类产生的影响，关于这方面的研究主要集中在自然灾害的社会脆弱性(Ward P. S. et al, 2017①；Flanagan B. E. et al., 2018②；Guo X & Kapucu N, 2020③)、自然灾害风

① Ward P S, Shively G E. Disaster risk, social vulnerability and economic development[J]. Disasters, 2017, 41(2): 324-351.
② Flanagan B E, Hallisey E J, Adams E, et al. Measuring community vulnerability to natural and anthropogenic hazards: the centers for disease control and prevention's social vulnerability index [J]. Journal of Environmental Health, 2018, 80(10): 34.
③ Guo X, Kapucu N. Assessing social vulnerability to earthquake disaster using rough analytic hierarchy process method: a case study of Hanzhong City, China[J]. Safety Science, 2020, 125: 104625.

险减缓与评估(Zhang W & Wang N, 2017①; Sadri A M et al., 2018②; Chandra Y & Paras A, 2020③)以及自然灾害对贫困的影响等方面。贫困和气候变化脆弱性问题是 21 世纪人类社会面临的两个主要挑战, 二者既紧密相关又有明显区别, 气候变化将影响区域减贫和可持续发展目标的实现, 自然灾害会使农民的生计资产遭受严重损失, 生活方式明显改变, 并使农民收入的可持续性受到消极影响。

许多学者从脆弱性角度研究地质灾害与贫困的关系。多灾种的耦合脆弱性为当前研究的前沿(李颖等, 2020④)。石钰等(2017)研究了洪灾与社会脆弱性的关系, 提出作为一个显著的预测指标, 社会脆弱性虽不是财富或贫困的产物, 但与二者密切相关, 且一般情况下社会脆弱性越大的地区越贫困, 灾后恢复面临的阻力也越大。⑤ 刘凯等(2016)分析了社会脆弱性的演变规律, 认为灾害应对性是社会脆弱性的主要影响因素, 经济对社会敏感性产生的扰动最为突出。⑥ 贾建英等(2019)分析了干旱对农户贫困脆弱性的影响后发现: 庆阳市北部和陇南市南部贫困脆弱度较高, 保持水土、增加绿化面积和提高低保户比重可有效抵御旱情风险和缓解贫困。⑦ Shuai 等(2019)发现我国生态脆弱区和集中连片贫困区有着高度的空间耦合关系, 灾害与贫困具有重合性和一致性; 灾害、脆弱性、可行能力、

① Zhang W, Wang N, Nicholson C. Resilience-based post-disaster recovery strategies for road-bridge networks[J]. Structure and Infrastructure Engineering, 2017, 13(11): 1404-1413.

② Sadri A M, Ukkusuri S V, Lee S, et al. The role of social capital, personal networks and emergency responders in post-disaster recovery and resilience: a study of rural communities in Indiana [J]. Natural Hazards, 2018, 90(3): 1377-1406.

③ Chandra Y, Paras A. Social entrepreneurship in the context of disaster recovery: organizing for public value creation[J]. Public Management Review, 2020: 1-22.

④ 李颖, 巩世钰, 张志茹, 等. 基于 CiteSpaceV 的气象灾害脆弱性研究检索与分析[J]. 自然灾害学报, 2020, 29(6): 209-217.

⑤ 石钰, 马恩朴, 李同昇, 等. 基于农户视角的洪灾社会脆弱度及影响因素——以安康市 4 个滨河村庄为例[J]. 地理科学进展, 2017, 36(11): 1380-1390.

⑥ 刘凯, 任建兰, 程钰, 等. 黄河三角洲地区社会脆弱性评价与影响因素[J]. 经济地理, 2016, 36(7): 45-52.

⑦ 贾建英, 韩兰英, 万信, 等. 甘肃省冬小麦干旱灾害风险评估及其区划[J]. 干旱区研究, 2019, 36(6): 1478-1486.

贫困等要素间具有相对的继替性和循环性。[1]

有学者关注灾害和贫困的直接关系。国内自然灾害事件的频发成为致贫的关键影响因素，引发了水贫困、土地贫困等系列问题(郭劲光，2013[2]；孙才智等，2014[3])。刘玥等(2017)研究结果表明，地形崎岖、土壤侵蚀等自然要素是主要的致贫因子，而社会经济要素是缓解贫困的因子(消贫因子)。[4] 张伟等(2020)发现以农业经营性收入作为家庭主要收入来源的贫困地区农户受自然灾害的影响更大，发生因灾致贫和因灾返贫的可能性也更高。[5] 周扬等(2021)发现地形、资源禀赋、劳动力状况、交通条件和公共服务是中国村域贫困化空间分异的主导因子，且省域间各因子驱动差异明显。[6] 任威等(2020)认为贫困户各类资产存量普遍较低、脆弱性较高的特征使贫困户在自然灾害打击下更易于遭受损失，陷入更加不利的状况，继而影响其灾后重建和恢复能力。[7]

也有学者关注自然灾害与经济增长、农户生计的关系问题。卜诗洁等(2021)通过梳理国内外文献，总结了生计恢复力的概念，指出农业个体的生计恢复力是全球可持续发展的重点研究领域。[8] 熊思鸿等(2020)则从定量角度提出了生计恢复力的度量方法。[9] Galarza-Villamar J A 等(2018)对自然灾害影响下水稻种植户

---

[1]　Shuai J, Cheng X, Tao X, et al. A theoretical framework for understanding the spatial coupling between poverty and the environment: a case study from China[J]. Agronomy Journal, 2019, 111(3): 1097-1108.

[2]　郭劲光. 我国扶贫治理的空间视野及其与减灾防治的链接[J]. 农业经济问题, 2013, 34(7): 11-16, 110.

[3]　孙才志, 董璐, 郑德凤. 中国农村水贫困风险评价、障碍因子及阻力类型分析[J]. 资源科学, 2014, 36(5): 895-905.

[4]　刘玥, 帅传敏, 程欣, 等. 基于 DSR 模型的三峡库区贫困的时空演变分析——生态减贫视角[J]. 经济地理, 2017, 37(7): 156-165.

[5]　张伟, 黄颖, 何小伟, 等. 贫困地区农户因灾致贫与政策性农业保险精准扶贫[J]. 农业经济问题, 2020(12): 28-40.

[6]　周扬, 李寻欢, 童春阳, 等. 中国村域贫困地理格局及其分异机理[J]. 地理学报, 2021(1): 1-19.

[7]　任威, 熊康宁, 盈斌, 等. 喀斯特地区不同地貌下农户生计脆弱性影响因子评估: 以贵州花江、撒拉溪研究区为例[J]. 生态与农村环境学报, 2020, 36(4): 442-449.

[8]　卜诗洁, 马金海, 卓玛措, 等. 生计恢复力研究进展与启示[J]. 地理与地理信息科学, 2021(1): 1-6.

[9]　熊思鸿, 阎建忠, 吴雅. 农户生计对气候变化的恢复力研究综述[J]. 地理研究, 2020, 39(8): 1934-1946.

面临的收入波动与农户收入和支出行为的关系研究表明，受自然灾害的影响，农户可能会提高食品支出，而降低教育支出，这对人力资本的长远发展造成了影响。① Loebach P（2016）的研究显示，飓风的发生会对农村地区的家庭生计产生影响，超过60%的农户会选择低福利策略，而这种策略选择往往更容易使其陷入贫困之中。② 何爱平和安梦天（2020）的研究表明，处于贫困线之下的人群由于只有稀少的资源禀赋和微薄的收入，不仅难以维持生计，而且还会不断受到各种风险的侵蚀，他们缺乏资源，难以利用市场机制改善福利状况，摆脱贫困陷阱。③ Achiba G. A.（2018）认为滑坡等自然灾害破坏了人类生计，造成了巨大的财产损失和人员伤亡并使社会经济发展倒退，对肯尼亚实现2015年极端贫困人口减半目标造成了极大威胁，并带来了贫困和资源匮乏等问题。④ Yang H 等（2019）对自然灾害及贫困陷阱的影响进行了分析，衡量了自然灾害对资产存量和经济增长的长期影响，结果表明：自然灾害极易剥夺穷人的资本，使其陷入贫困陷阱并难以自拔。由此带来的人道主义减灾问题将成为人类长期面临的发展问题。⑤

2. 疾病、教育与贫困的关系

许多学者从因病致贫的角度对贫困致因进行了阐述，周迪和王明哲（2019）认为因病致贫、返贫是收入贫困与支出贫困的共同表现。对外依赖国家医疗保障的完善降低支出，对内收入贫困是导致支出贫困的重要原因。⑥ 李文静（2017）认为

---

① Galarza-Villamar J A, Leeuwis C, Pila-Quinga G M, et al. Local understanding of disaster risk and livelihood resilience：the case of rice smallholders and floods in Ecuador［J］. International Journal of Disaster Risk Reduction, 2018, 31：1107-1120.

② Loebach P. Household migration as a livelihood adaptation in response to a natural disaster：nicaragua and hurricane mitch［J］. Population and Environment, 2016, 38(?)：185-206.

③ 何爱平, 安梦天. 黄河流域高质量发展中的重大环境灾害及减灾路径［J］. 经济问题, 2020(7)：1-8.

④ Achiba G A. Managing livelihood risks：income diversification and the livelihood strategies of households in pastoral settlements in Isiolo county, Kenya［J］. Pastoralism, 2018, 8(1)：1-15.

⑤ Yang H, Dietz T, Yang W, et al. Changes in human well-being and rural livelihoods under natural disasters［J］. Ecological Economics, 2018, 151：184-194.

⑥ 周迪, 王明哲. 返贫现象的内在逻辑：脆弱性脱贫理论及验证［J］. 财经研究, 2019, 45(11)：126-139.

因灾致贫、因病致贫和因学致贫已逐步成为三峡库区移民贫困的主要外显因素。① 尚选彩、王玉莉(2016)认为居民消费需求的增加、失业和疾病等是造成支出型贫困的重要因素②；王敏认为因病、因残、因学、因灾、因老、因婚、因不合理的消费等都是支出型贫困的致贫因素。田北海、王连生(2018)则从影响支出型贫困家庭的内源性与结构性因素出发分析贫困原因，认为风险遭遇是直接诱因，家庭韧性差是内在根源，家庭成员发展动力不足是主观原因，社会保障不足是外在结构因素。③ 李瑞华(2020)认为贫困有可能导致健康风险和健康状况恶化进而引发疾病，疾病又会通过人力资本和物质资本的传递引致深度贫困。④ 虞振亚(2018)调研贫困地区乡村贫困家庭时发现，家庭收入呈现出"洋葱头形"结构，家庭支出具有压缩型特征，教育和就业是影响家庭经济行为十分重要的两项因素。⑤ 麻怡星(2020)认为在贫困地区，慢性病所造成的经济负担愈来愈重。在众多的影响因素中，家庭年人均收入是影响慢性病患病率的重要因素。⑥

许多学者也认同贫困与疾病之间的双向影响关系。洪秋妹(2010)探索了因病致贫与因贫致病的作用路径，发现贫困户更易受到健康冲击，健康冲击在短期内给家庭造成的影响更大，致使家庭陷入暂时性的贫困境地，而给家庭带来的长期影响要小得多。⑦ Foster(1984)认为在低收入农村地区，贫困导致人们在疾病中的暴露风险增加，而家庭主要劳动力的患疾又使得家庭的生产力下降，从而导致贫困加剧。⑧ Eckhard(2018)发现贫困与社会孤立的风险间存在因果关系，他们因重大生活

---

① 李文静，帅传敏，帅钰，等. 三峡库区移民贫困致因的精准识别与减贫路径的实证研究[J]. 中国人口资源与环境，2017，27(6)：136-144.

② 尚选彩，王玉莉. 我国支出型贫困救助路径选择分析[J]. 求知导刊，2016(5)：68-69.

③ 田北海，王连生. 支出型贫困家庭的贫困表征、生成机制与治理路径[J]. 南京农业大学学报(社会科学版)，2018，18(3)：27-36，152-153.

④ 李瑞华. "贫困—疾病"恶性循环防治机制研究[J]. 中国卫生经济，2020，39(6)：27-29.

⑤ 虞振亚. 家庭收支视角下贫困地区乡村精准扶贫研究[D]. 南京：南京大学，2018.

⑥ 麻怡星，沙永红，谭昕，等. 湘西贫困地区中老年人慢性病影响因素调查分析[J]. 社区医学杂志，2020，18(22)：1501-1504.

⑦ 洪秋妹，常向阳. 我国农村居民疾病与贫困的相互作用分析[J]. 农业经济问题，2010，31(4)：85-94，112.

⑧ Foster J, Greer J, Thorbecke E. A class of decomposable poverty measures [J]. Econometrica, 1984, 52(3)：761-766.

事件的冲击而相互关联，比如健康的恶化或者失业。① 徐小言（2018）提出"贫困—疾病"陷阱，认为"贫困—疾病"的问题不仅仅具有"恶性循环链"的"循环性"特征，同时还具有恶性循环所不具有的"放大性"的特征，即贫困与疾病导致了彼此的进一步深化。②

舒尔茨（1949）认为，"改善穷人福利的决定性生产要素是人口质量的改善和知识的增进"。Sen（1980）认为，贫困的原因可归结为权利贫困和能力贫困，低收入可以是一个人的可行能力被剥夺的重要原因，收入不足的确是造成贫困生活的很强的诱发性条件。人力资本理论认为，教育是投资，也是消费，一个国家收入越高，可购买或投资教育的机会就越多，对人力资本的投资就越大。彭华安等（2009）认为教育本来是一种积极的投资性消费，但在我国农村地区和城市低收入阶层中却出现了"教育致贫"现象，形成了"教育致贫"悖论。③ 王春萍等（2018）的研究表明，发展中国家的贫困对教育就学率有负向影响。因教致贫是社会失范的一种表现，会造成阶层差异代际转移，积聚社会不安因素等。④

邹薇（2011）发现在多维贫困的测度下，贫困人口应对外部冲击的脆弱性明显，其中教育贫困尤其严重。彭妮娅（2021）认为自然灾害频发、基础设施薄弱、生态环境脆弱、基本生产生活条件差等是制约贫困地区发展的传统因素，而疾病、入学、天灾、市场风险等因素造成新的返贫人群不断出现。⑤ 目前，我国西部成为教育贫困最严重的地区，比如武陵山区、川西、黔西南、云南四大连片特困区等（张锦华，2005⑥；刘璐琳，2015⑦；周常春等，2017⑧）。然而教育也对

① Eckhard J. Does poverty increase the risk of social isolation? Insights based on panel data from Germany[J]. The Sociological Quarterly, 2018, 59(2): 338-359.
② 徐小言. 农村居民"贫困-疾病"陷阱的形成分析[J]. 山东社会科学, 2018(8): 66-72.
③ 彭华安, 陈维民. "教育致贫"悖论及其消解[J]. 教育导刊, 2009(1): 52-55.
④ 王春萍, 张顺翔, 郑烨. 秦巴山区农户贫困动因识别及精准扶贫满意度调查[J]. 中国人口·资源与环境, 2018, 28(S2): 54-58.
⑤ 彭妮娅. 教育经费投入对贫困地区农民收入影响的实证[J]. 统计与决策, 2021(3): 1-4.
⑥ 张锦华. 基于SST指数的中国农村教育贫困分析[J]. 中国农村观察, 2005(5): 10-16.
⑦ 刘璐琳. 武陵山片区教育贫困新特点与对策研究[J]. 民族教育研究, 2015(1): 76-80.
⑧ 周常春, 翟羽佳, 车震宇. 连片特困区农户多维贫困测度及能力建设研究[J]. 中国人口·资源与环境, 2017, 27(11): 95-103.

于反贫困有着重要意义，教育扶贫是阻断返贫与贫困代际传递的根本之策（苑英科，2018①），因此学者提出了"教育反贫困""扶贫先扶智"。阳盛益等（2019）认为在全面准确掌握贫困人口基本情况的基础上，坚持扶贫与扶志、扶智相结合，治标与治本同施、"输血"与"造血"并举，才能更有效推进精准脱贫。② 同时，教育能巩固乡村扶贫与振兴取得的成就，有效衔接精准扶贫和乡村振兴（李涛，2020③）。

1.2.5　农户脆弱性返贫的相关研究

中国扶贫事业进入决胜阶段，脱贫又返贫问题不断得到学者的关注。脱贫基础的脆弱性和返贫诱因的多维性，使得脱贫户、边缘户仍存在返贫致贫风险，阻断返贫成为我国贫困治理中急需攻克的难题（蒋和胜等，2019④）。罗玉辉和侯亚景（2019）通过观察多维贫困动态变化过程，发现存在多维返贫的情况。⑤ 蒋南平和郑万军（2017）在改进 A-F 多维贫困指数分析的基础上，提出了多维返贫识别及测算方法。⑥ 但该研究关注的核心为"未贫—贫困"问题，虽然可以逆向识别贫困人群，但依旧停留在贫困界定的框架中，未能关注脱贫又返贫的现象。

随着反贫困理论的不断发展，学者逐渐将研究目光从观察贫困转向预测贫困，由家庭未来收入不确定性及风险等因素导致的贫困脆弱性被纳入研究视野（Morduch，1994）。在此基础上世界银行将贫困脆弱性明确定义为个人或家庭遭受风险冲击从而引起福利损失的可能性（World Bank，2000）。Glewwe 和 Hall（1998）认为脆弱性是一个动态的概念，它包括一个宏观的经济冲击所引起的一系

---

① 苑英科. 教育扶贫是阻断返贫与贫困代际传递的根本之策[J]. 华北电力大学学报（社会科学版），2018（4）：16.

② 阳盛益，黄淑贞. 精准扶贫背景下"扶贫扶志扶智"的实践与启示[J]. 开发研究，2019（1）：29-35.

③ 李涛，邬志辉，周慧霞，等. "十四五"时期中国全面建设小康社会后教育扶贫战略研究[J]. 教育发展研究，2020，40（23）：30-42.

④ 蒋和胜，李小瑜，田永. 阻断返贫的长效机制研究[J]. 吉林大学社会科学学报，2020，60（6）：24-34，231-232.

⑤ 罗玉辉，侯亚景. 中国扶贫改革 40 年：过去，现在和未来[J]. 宁夏社会科学，2019（5）：104-109.

⑥ 蒋南平，郑万军，Jiang，等. 中国农民工多维返贫测度问题[J]. 中国农村经济，2017（6）：60-71.

列后果。他们还区分了两种类型的脆弱性：政策诱导的脆弱性和市场诱导的脆弱性，后者可以用家庭对物品和服务的消费量的变化来度量。[①] 就家庭或个人的"贫困脆弱性"而言，不同的研究者所采用的定义也有所不同，Kühl（2003）将其定义为一个家庭因遭受一个重大冲击而导致其福利水平降低到贫困线以下的可能性。类似地，Pritchett 等（2000）[②]与 Mansuri 和 Healy（2001）将其定义为一个家庭在未来的若干年内至少有一年会陷入贫困的概率，而 Chaudhuri 等（2002）则将家庭在 T 时的贫困脆弱性定义为它在 $T+1$ 时期陷入贫困的概率。[③] 从这些定义中可以看出贫困与贫困脆弱性之间的区别非常明显，后者与未来的风险有关，所以它是一个前瞻性的概念。

世界粮食计划署 1995 年推出关于贫困人口脆弱性的分析框架，认为贫困人口的脆弱性受风险因素、抵御风险的能力和社会服务体系三个方面因素的影响（WFP China Office，2003）。英国国际发展署（DFID）用开发的可持续农户生计框架分析贫困脆弱性。

脆弱性返贫是指贫困对象脱贫后，在受到其他外部事件冲击时，因缺乏资产的缓冲与保护而导致脱贫对象重新退回贫困线以下，出现脱贫又返贫的现象。其脆弱性体现在，难以抵御波动性与随机性的风险冲击。家庭积累的资产财富因其能够应对风险冲击而成为避免陷入贫困的重要经济来源（Caner 和 Wolff，2004[④]）。

周迪和王明哲（2019）认为研究脆弱性返贫核心是解释返贫现象，收入对滞后期资产具有正向影响，但部分资产类别与收入存在严格的单向因果关联，无法对滞后期收入产生影响。[⑤] 即研究脆弱性脱贫问题不能仅满足于确定收入线这一贫

① Glewwe P, Hall G. Are some groups more vulnerable to macroeconomic shocks than others? Hypothesis tests based on panel data from Peru[J]. Journal of Development Economics, 1998, 56(1): 181-206.

② Pritchett, Lant. Quantifying vulnerability to poverty: a proposed measure, with application to Indonesia[R]. Washington, D. C.: World Bank, 2000.

③ Chaudhuri S, Datt G. Assessing household vulnerability to poverty: a methodology and estimates for the Philippines[R]. [S. L.]: World Bank Draft, 2001.

④ Caner A, Wolff E N. Asset poverty in the United States, 1984—1999[J]. Challenge, 2004, 47(1): 5-52.

⑤ 周迪，王明哲. 返贫现象的内在逻辑：脆弱性脱贫理论及验证[J]. 财经研究, 2019, 45(11): 126-139.

困标准。也有学者从多维贫困的角度对返贫问题展开了相关的探讨。部分学者解释了狭义返贫的原因，认为疾病导致的家庭经济状况变差和个人人力资本的下降将导致家庭出现返贫情况(汪三贵和刘明月，2019①)。有学者发现少数民族群体更容易返贫，同时健康因素、劳动力因素和危房是导致返贫的重要原因(马绍东和万仁泽，2018②)。

陈传波(2005)认为我国农民结构中占主体的小农户尤其是贫困农户容易陷入贫困的恶性循环，在这种循环中，多种风险交织是农户风险的一个突出特点，这会进一步加剧小农户的脆弱性。③ 胡原等(2019)基于可持续生计的理论框架，认为现阶段贫困地区仍面临环境脆弱性高导致的脱贫后返贫风险大，生计资本薄弱导致的可持续增收难度大，以及脱贫内生动力不足导致的生计策略有限等问题，可通过构建应对脆弱性背景的风险防范机制，来提高深度贫困地区的脱贫质量与脱贫稳定性。④ 肖泽平等(2020)认为厘清返贫的原因才可能构建出对贫困户的预警系统。⑤ 农村贫困人口返贫，减贫速率递减，关键原因是可持续发展机制缺失(罗利丽，2018⑥)。

1.2.6　文献述评

通过解读现有的研究文献，从中不难发现：(1)以多维贫困的视角去探究贫困问题已是学界的潮流，其中双界线法的运用十分广泛，其指标体系的构建也比较多元化；(2)目前基于 EKC 的研究非常丰富，学者们的研究极大地丰富了 EKC 的相关理论，而现有的农业面源污染的研究大多数支持 EKC 的假说；

---

① 汪三贵, 刘明月. 健康扶贫的作用机制, 实施困境与政策选择[J]. 新疆师范大学学报(哲学社会科学版), 2019, 40(3)：82-91.

② 马绍东, 万仁泽. 多维贫困视角下民族地区返贫成因及对策研究[J]. 贵州民族研究, 2018, 39(11)：50-55.

③ 陈传波. 农户风险与脆弱性：一个分析框架及贫困地区的经验[J]. 农业经济问题, 2005(8)：49-52.

④ 胡原, 曾维忠. 深度贫困地区何以稳定脱贫？——基于可持续生计分析框架的现实思考[J]. 当代经济管理, 2019, 41(12)：7-12.

⑤ 肖泽平, 王志章. 脱贫攻坚返贫家户的基本特征及其政策应对研究——基于 12 省(区)22 县的数据分析[J]. 云南民族大学学报(哲学社会科学版), 2020, 37(1)：81-89.

⑥ 罗利丽. 农村贫困人口反弹与可持续性发展机制的缺失[J]. 贵州社会科学, 2008(12)：76-79.

(3)学者们基于众多视角对生态效率进行研究,发现从生态投入到社会产出的路径更加清楚地展示了生态环境与经济社会发展的相对关系;(4)众多实证研究也已经说明生态环境恶化会加剧贫困,同时在两者的空间耦合上学者们做了较充分的研究。

本书在借鉴众多研究成果的同时,也发现已有的相关研究存在以下局限性:

(1)目前的研究缺乏对于贫困户社会保障方面的考量。学者们都忽略了一个具有中国特色的问题。在中国,对于贫困户而言,他们缺乏购买商业保险的意识和习惯,由政府主导和推行的医疗保险与社会保险是维持他们当前生计和未来生活的重要资源。

(2)许多研究仅停留在多维贫困测度的层面,在多维贫困测度的基础上更进一步开展贫困致因分析的研究较少。多维贫困测度使多维贫困研究仅停留在对贫困现象的认知层面,无法探知其中的致贫机理,也就不能为精准扶贫工作的开展提供理论指导。

(3)缺乏将生态环境因素考虑在内的贫困测度,同时还缺乏贫困与生态环境之间的脱钩分析。以 DSR 模型为基础的研究大多集中在生态安全及生态效率评价方面,并未在贫困测度中得到应用。脱钩分析也多限于资源消耗与经济驱动之间的关联分析。

(4)地区贫困在时间和空间两个维度的分布和变化也缺乏实证研究。在生态和经济贫困关系的实证研究上,两者常被作为独立因素进行考虑,在两者协调关系的分析方面学者也大多只注重其区域分布特点。

(5)运用空间经济计量工具对农业 EKC 的分析极为少见。传统的库兹涅茨曲线实证研究多忽略了空间自相关问题,往往导致测算结果的不准确性。而三峡库区虽然横跨重庆市与湖北省,但是 26 个县市之间地理环境上紧密联系,自然人文特征类似,经济社会发展更是互为依托。因此,空间自相关性对这一地区农业的 EKC 的影响不容忽视。

(6)缺乏生态效率异质性对库区贫困影响的相关研究。诸多对农业生态效率的研究均是对效率的评估以及对生态效率影响因素的分析。在探讨生态对贫困的影响时,尚未有学者从生态效率异质性的角度分析其对地区贫困的影响路径。

1.3 研究思路、研究方法与研究内容

1.3.1 研究思路

本书对三峡库区贫困与生态环境交互影响机制的研究，遵循"测度—耦合协调—交互作用"的研究思路（如图 1.1 所示）。全书由七章构成，分为三大模块。模块一为理论基础。第一章与第二章为本书理论基础的梳理与理论分析框架的构建部分，为后文的实证研究提供扎实的基础与铺垫。具体来说，第一章为绪论，主要进行文献梳理和基本内容介绍，国内外的文献现状的梳理与研究，为后文理论基础的夯实做铺垫。第二章为贫困和生态环境交互影响的理论分析框架，通过文献梳理法，本书确定了可行能力理论、环境库兹涅茨曲线、DSR 模型等六大理论作为后文实证的理论基础。模块二为实证研究。第三章到第六章在前文的理论基础上，实证研究探索三峡库区贫困与生态环境交互机制。第三章和第四章基于

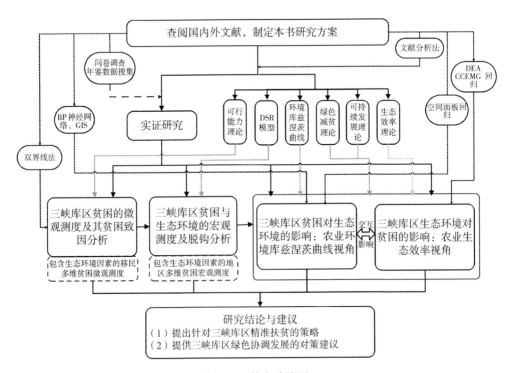

图 1.1 技术路线图

微观和宏观两个视角，加入生态环境要素，对库区贫困进行测度，初步探索库区移民贫困和生态环境之间的交互影响。第五章和第六章则在前文基础上，构建模型以实证研究三峡库区贫困和生态环境之间的交互作用关系。具体而言，第三章为三峡贫困的微观测度及其贫困致因分析，分析移民贫困在微观层面的具体表现，与后文宏观层面的分析形成互补，基于可行能力理论和多维贫困视角，将农村生态相关维度(卫生、饮用水和土地)考虑在内，测度移民前后的多维贫困状态，并从人口异质性的角度挖掘致贫原因。第四章为三峡库区贫困与生态环境的宏观测度及脱钩分析，基于 DSR 模型与绿色减贫理论，将生态环境、地质、气候等因素作为影响因素纳入三峡库区贫困的宏观测度中，利用 BP 神经网络计算地区综合减贫指数，采用空间自相关分析和 GIS 分析库区各区县绿色减贫压力的时空分布，并运用脱钩分析探讨库区贫困与生态环境的耦合协调关系。第五章与第六章探讨三峡库区贫困与生态环境之间的交互关系。第五章为农业环境库兹涅茨曲线视角下的库区贫困对生态环境的影响研究。首先采用格兰杰因果检验判断三峡库区贫困与生态环境之间稳定的交互影响关系，为后文的关系研究打下基础。其次基于环境库兹涅茨曲线模型，考虑到空间自相关性，分别以普通面板模型和空间面板模型分析库区的农业环境库兹涅茨曲线，以揭示库区贫困对库区生态环境的影响。第六章为基于农业生态效率视角的三峡库区农业生态环境对库区贫困的影响。基于生态效率理论，以超效率 DEA 模型分析库区农业生态效率的变化及主要影响因素，以 Malmquist 指数以及 Multi-Stage 模型对农业生态效率分解，探索效率驱动因素，基于考虑截面相关的异质性回归系数面板数据模型分析三峡库区农业生态效率异质性对贫困的影响。模块三为结论与建议。第七章为结论与建议，总结本书主要结论，并提出相应的组合策略和政策建议。

1.3.2 研究方法

1. 文献分析

通过采用文献分析法，借助各类文献资源数据库，以及政府出版物、外文书籍、报刊杂志、各类统计报告等数据资料，系统进行文献检索和资料查阅，结合文献阅读手段，对国内外研究现状进行梳理与评析，以了解相关领域中已有的研究成果，给予本书启发与参考。

2. 问卷调查

在运用双界线法对三峡库区移民家庭贫困状态进行分析之前，需要通过对三峡库区移民进行问卷调查收集数据。通过文献分析方法结合库区移民实际生活状况，笔者在设计调查问卷后，选择了 10~20 人进行模拟问卷调查以发现问题，并对问卷进行修改和完善。笔者及团队在库区所覆盖的 26 个区县中，分层抽样选取了具有地域代表性的 4 个区县，分别是夷陵区、秭归县、开县、万州区，再采取随机抽样方法在每个样本区县向移民发放了共计 798 份有效问卷。

3. 回归分析

本书将采用回归分析方法对相关内容进行研究：（1）基于多元回归模型分析库区移民多维贫困的典型人口特征和致贫因素；（2）基于格兰杰因果分析验证库区贫困与生态环境存在的长期均衡的交互影响关系；（3）基于库兹涅茨曲线构建对数回归模型以及空间面板回归模型分析库区贫困与生态环境之间的交互影响关系；（4）基于考虑截面相关的异质性回归系数面板数据模型分析库区农业生态效率对库区贫困的影响。通过 SPSS、EViews、MATLAB 等多种软件，对库区贫困与生态环境之间的交互影响关系进行实证分析。

4. 数据包络分析（DEA）

本书利用数据包络分析，根据已知数据，使用 DEA 模型得到相应的生产前缘，借此评价输入和产出之间的决策单元（DMU）的相对有效性。本书拟运用超效率 DEA 评估三峡库区农业生态效率，以此探究三峡地区经济生产与生态环境之间的投入产出关系并利用 Malmquist 指数以及 Multi-Stage 分析分解农业生态效率，挖掘农业生态效率的内部关键驱动因素。

5. BP 神经网络

BP 神经网络无须事前描述映射方程，而是通过学习和存贮大量的输入到输出的模式映射关系拟合中间的传输关系。本书拟基于 BP 神经网络，运用

MATLAB 软件模拟经济减贫指数、经济减贫抵减指数、社会减贫指数、社会减贫抵减指数、生产生活污染致贫指数和地质及气候致贫指数，以计算分析三峡库区内各县综合减贫指数。

6. 地理信息系统(ArcGIS)

地理信息系统能对空间信息进行分析和处理，这种技术把地图独特的视觉化效果和地理分析功能与一般的数据库操作集成在一起。本书运用 ArcGIS 制作出三峡库区绿色减贫压力的时间分布和空间分布图，并进行两个维度上的比较分析和讨论。

1.3.3 研究内容

首先，本书从微观视角出发，分析当前国内贫困人口划分标准的单一性弊端，借鉴前人经验并结合当前实际，将生态环境因素纳入考虑，构建多维贫困评估指标体系对库区移民的贫困状态进行测度和深入分析。其次，从宏观角度出发，基于 DSR 模型构建库区贫困与生态环境的宏观测度指标体系，利用 BP 神经网络和 GIS 等工具分析三峡库区绿色减贫压力的时空分异特征，并采用脱钩分析初探库区贫困与生态环境的耦合关系。再次，基于格兰杰因果检验分析三峡库区贫困与生态环境之间是否存在稳定的交互影响关系。在此基础上，利用空间面板模型分析库区农业环境库兹涅茨曲线以及库区内部各区县的空间相关性，探索库区贫困对生态环境的影响。最后，在分析三峡库区农业生态效率的区域差异后，挖掘库区农业生态效率异质性对库区贫困的影响和生态环境对库区贫困的影响。具体内容如下：

(1)三峡库区移民在移民前后的多维贫困测度。本书基于双界线法对移民的多维贫困进行测度，在划分贫困标准时，抛弃单一的人均收入贫困线，而将生活环境、卫生条件、资产、生活保障等全面纳入考虑，以了解移民的贫困发生率、多维贫困指数、各维度贫困贡献率等信息，分析移民前后库区移民贫困的变化趋势。

(2)三峡库区移民的多维贫困致因的分析挖掘。在多维贫困测度的基础上，基于人口异质性视角，利用多元回归模型分别对贫困移民和总体移民样本的致贫原因进行分析，发现贫困移民典型的人口特征，进而挖掘发现移民的"穷根"。

（3）三峡库区贫困与生态环境的宏观测度及脱钩分析。本书基于 DSR 模型，从生态减贫视角提出了综合减贫指数测度指标体系并运用 BP 神经网络对综合减贫指数与生态致贫指数进行测度，运用空间相关性分析和 GIS 分析了三峡库区绿色减贫压力的时间规律及空间分布，同时采用脱钩分析研究三峡库区贫困与生态环境之间的耦合关系。

（4）三峡库区农业环境库兹涅茨曲线分析。基于可持续发展视角，以库区农用化学品的使用为例，利用面板回归模型分析三峡库区农业环境库兹涅茨曲线是否存在及其变化趋势，进而利用空间面板模型挖掘库区的空间自相关性对环境库兹涅茨曲线造成的影响。

（5）三峡库区农业生态效率异质性对库区贫困的影响分析。基于投入-产出视角，以超效率 DEA 方法测度三峡库区 26 个区县的农业生态效率，并利用 Multi-Stage 模型和 Malmquist 指数对农业生态效率进行分解，以了解各区县生态效率变动趋势和关键性的效率驱动因素。同时，基于考虑截面相关的异质性回归系数面板数据模型分析三峡库区农业生态效率异质性对贫困的影响。

1.4　主要创新点

本书旨在探究库区贫困与生态环境的交互影响机制，探索两要素之间的互动关系与内在联系。本书主要的创新点有：

（1）深入剖析了当前移民多维贫困的特征和致贫原因。基于双界线法探讨了三峡库区移民前后多维贫困状态的变化，突破了单一贫困测定方法的限制，如贫困线法，丰富了这一领域的理论研究。并在此基础之上，基于人口异质性分析了多维贫困的致贫原因，对移民贫困有了更深刻的认识。

（2）揭示了三峡库区绿色减贫压力的时空分布特征。学术界尚未达成关于全球环境持续恶化背景下生态环境孕贫的理论共识，也未将生态环境因素作为地区贫困的构成要素进行考虑。本书将生态环境纳入地区贫困的测算体系内，构建了三峡库区绿色减贫压力的测度指标体系，并分析了绿色减贫压力的时间及空间分异特征，从生态减贫、绿色减贫的视角进行模拟定量分析，拓展了更广阔的扶贫视野与格局。

(3)构建了三峡库区贫困和生态环境交互影响的理论模型。国内外现有文献在研究生态环境与贫困的关系时，大多未将空间自相关性对于两者关系的影响纳入考虑，更未探究过生态效率异质性对贫困的影响。本书基于空间回归模型分析库区贫困对生态环境的影响，基于考虑截面相关的异质性回归系数面板数据模型分析农业生态效率的异质性对库区贫困的影响，从而更加全面地构建三峡库区贫困和生态环境之间的交互影响理论模型。

1.5　本章小结

本章首先从我国三峡库区的贫困现状、复杂的贫困表现以及当前精准扶贫的贫困治理思路等问题入手，阐述了本书的研究背景、目的及意义；然后对与本研究工作相关的国内外研究进行了综述与评析，包括贫困的测度、生态环境的测度、生态环境与经济的关系和生态环境与贫困的关系；接着介绍了本书的研究思路、研究方法以及研究内容；最后简要说明了本书主要的创新点。

第 2 章　贫困和生态环境交互影响的
理论分析框架

2.1　贫困与生态水平测度的理论基础

2.1.1　可行能力理论

诺贝尔经济学奖得主 Sen(1976)[15] 提出了"能力贫困"(capability poverty)概念，认为贫困是人口缺乏创造收入的机会和能力，提出贫困并非贫困线这一收入口径可以单独确定的。目前许多机构与学者在研究贫困问题时广泛采用这一概念，在此基础上衍生出多维贫困的雏形。

所谓"能力"指的是一个人的可行能力，Sen 认为可行能力就是一个人有可能实现的功能性活动的组合，每个人能够按照自己的标准进行最优组合的选择。可行能力强调多元化的信息选择标准，强调某一种特定信息不应该作为唯一采用的信息标准，从而扩大了信息来源和信息基础。在可行能力的实际应用中，最容易引起争论的问题是有哪些具体的可行能力可以被列入组合之中，这也引起了学界广泛的讨论。更简单地说，可行能力的信息标准一定是强调人们能够实现多元化的生活方式的自由。

具体到对贫困的判断上，Sen 认为每一个人所具备的可行能力是可以用来判断个体的处境的。依据这种视角，贫困可以被看作人被剥夺了基本可行能力，这就超越了收入这一最为常见的识别贫困的标准。由此，Sen 提出的可行能力，从单维拓展到多维，提供了贫困研究的新视野。

可行能力是从功能性活动的概念中发展得到的。但两者不能混为一谈。可行能力可以用来判断一个人的自由程度，而功能性活动则是用来满足生活需求。部分人认为商品及享有的福利也是自由的表现之一，从可行能力出发，即使获得了某种商品也不能表示这个人可以进行同样的功能性活动，也就是说，获取同等的福利状况不代表他具备同等的主导自己生存状况旳可行能力。

可行能力是一个人可行的所有功能性活动的总集合，包含衣、食、住、行、心理需求等多方面。所谓功能性活动，是人们为完成一件值得去做的事而具体实施的各种活动或者状态。如果用数字表示一个人可以实现的功能性活动的数量或程度，那么由此形成的功能性活动向量则代表他当前所获成就或生活状况。因此一个人的"可行能力集"就由这个人所有的功能性活动向量组成。

功能性活动是一个人在他的实际能力范围内能做到的事，而可行能力是他拥有充分自由可以选择做的事。有时候，我们经常将这两个概念并谈、混淆，是因为可行能力集最终是依靠选中的功能性活动向量来确定，所以某些时候会等同处理两者的内涵。但是，从社会救助的根本目的来考虑，我们最终还是要将弱者的功能性活动和可行能力集看作两个概念分别考虑，同时他们的自由和自尊也应被纳入救助政策的具体制定和实施里。

收入是衡量贫困的传统指标，Sen 不否定收入指标的合理性。大多数时候，将收入水平作为衡量标准有利于实际工作的开展。但是在实际生活中，其他非经济因素也可能导致一个人的可行能力被剥夺。低收入和低可行能力之间存在某种映射，但并非必然。由于忽略了贫困内部发生机制的多样性，任何单纯依据收入所作的判断因这种天然特定的假设会导致结论片面。而以可行能力来测度贫困可以避免这样的问题，减少信息不全导致的评估扭曲，使评价更加公正、客观。以"能力贫困"的视角去挖掘库区贫困的表现，这与精准扶贫、精准脱贫的大政方针也是契合的。

2.1.2 生态效率理论

德国学者 Schaltegger 和 Sturm 在 1990 年时提出了生态效率这一概念，最初他们简单地将生态效率定义为价值的增加和环境变化的比值。而到 1992 年，世界可持续发展工商业理事会（World Business Council for Sustainable Development，

WBCSD)才首次明确地给出了生态效率的定义：想要实现生态效率，必须提供既能满足人类的生活需要，又能提高生活质量的商品与服务，同时还要使生态影响和资源强度逐渐下降到与地球的预估承载能力一致的水平，也就是要同时实现环境保护与社会发展的目标。此后，世界上许多组织或部门都对生态效率赋予了更多不同的理解。

国际金融组织环境投资部将生态效率定义为运用更高效合理的生产技术与过程去提高资源的产出效率，也就是更高效地利用资源。巴斯集团认为生态效率是一个双向的过程的体现，既要尽可能减少能源和物质的使用，又要尽量减少污染物的排放。联合国贸易和发展会议则是从微观的角度切入，从企业视角出发，认为生态效率是在提高企业生产利润的基础上，实现股东利益最大化并且减少对环境的破坏。澳大利亚环境与遗产部指出生态效率是用较少的资源产出更多的价值或者提供更多的服务。加拿大工业部从投入产出的角度进一步阐述，将生态效率简化为投入最小化，产出最大化。加拿大大西洋发展机会署在此基础上结合对双向路径的理解，指出生态效率是在创造高价值产品或高水平服务的同时降低对自然资源的使用和污染物对环境的影响。

欧洲环境署认为生态效率是从更少的自然资源中获得更多的福利，这又进一步扩展了生态效率的外延，使生态效率更广泛地被各界应用，既可以用于宏观政策分析，又可以用于微观策略分析。

经济合作与发展组织（Organization for Economic Co-operation and Development，OECD）对生态效率的阐述更为全面，首次将这一概念进一步扩大到政府、工业企业及农业、服务业等组织层面。生态效率即生态资源满足人类需要的效率，具体来说是产出和投入的比值，而产出是某一企业、部门或所有经济组织产出的所有产品和服务的总价值，投入则是这一过程中产生的环境压力的总和。

生态效率是由经济效率和环境效率组成的一个综合效率。本书对农业生态效率的定义为：农业生产过程中，农业生产环境污染、资源消耗与经济发展之间的投入产出关系。从投入产出角度上看，农业生态效率的本质是协调农业生产活动中所有生产资料的相互关系，使产生的资源消耗和污染物最小化，农业产出最大化。对于评价农业活动的"生态"和"经济"的综合效率，要同时考虑经济指标和生态环境指标。传统的农业生产评估主要侧重于收益，即产量、价值、效益等指标，忽略了在农业生产的过程中伴随而来的负面的生态环境影响，因此并不能评估出农业生产的可持续发展效果。综合的农业生态效率评价需充分体现可持续发展和绿色农业的理念，将农业生产的资源投入、经济产出以及对环境的影响三者结合起来，因此农业生态效率应成为农业可持续发展评价的重要指标。

2.2　贫困对生态环境影响的理论基础

2.2.1　环境库兹涅茨曲线

最初，库兹涅茨曲线由 Kuznets(1955)[153]提出并以其名字命名，是描述收入分配状况随经济发展而产生波动的曲线。随着研究的拓展与深入，经济学家Grossman 和 Krueger(1992)[154]在环境经济学的研究中，通过模拟人均收入与环境污染指标之间的相对变化和发展趋势，提出了环境库兹涅茨曲线(environmental Kuznets curve，EKC)，随后 Grossman 和 Krueger (1995)[155]在 1992 年的研究基础上纳入了更多的环境质量指标进入 EKC 进行跨国分析，最后大多数环境指标能够印证环境库兹涅茨曲线的存在。由此，EKC 被广泛采用。

EKC 表明了资源环境与经济发展之间的"倒 U 形"曲线关系。之后诸多专家学者对"倒 U 形"关系的出现原因做出了多方面的经济学解释。

首先，经济发展与产业结构、生产技术和规模之间存在内生关系。纵观人类发展史，工业革命的发生促使农业向重工业转型，使劳动密集型向技术密集型产业转变，即第一、二、三产业依次梯形迈进，这种转型让生产对资源环境的需求量逐渐下降，产业重心从"高污染、高消耗"的双高型重工业向"低污染、低消耗"的双低型服务业转型过渡，使环境状况由开始的恶化转变为逐渐改善。可以说，这样的发展路径是社会经济发展的必然结果。

其次，伴随产业更新的步伐加快，各行各业对技术也越来越重视，技术投入逐渐增加。资金、精力和智力等多方面的投入，促进了生产和环保技术的革新，从而推动资源的更高效利用，这一方面减少了污染物的排放，另一方面降低了资源的投入，在此过程中社会加强了资源的回收，这些综合起来都会改善环境状况。然而在生产技术没有得到飞跃性发展时，经济产出的增加就意味着我们投入的资源增加，同时排放的污染物也会增多。在经济发展初期，投入消耗和污染排放的破坏程度超过了资源回收和环境自净的修复能力，此时资源环境水平处于逐渐下降阶段。随着经济逐渐发展，人们重视环保，资源回收和环境自净的修复能力会逐渐超过投入消耗和污染排放的破坏程度。这样的此消彼长最终就表现为随着经济发展和技术水平的不断提高，环境会先恶化再逐渐改善。

再次，环保投资得到增加。在经济起步阶段，生态环境尚处于原始状态，资源储备量较为充沛，人们相对来说更注重经济水平的提升，而忽略资源和环境状况，此时社会缺乏资本能力，环保投资不足。随着经济逐步发展，资源环境的恶化倒逼人类面对当前的生态恶化现状。考虑到人类发展的可持续性和社会稳定性，政府和各单位机构开始强制或自发加大对环保的资金投入，努力改善生产生活环境，追求"绿色发展"。

最后，人们环保意识在日益强化。经济发展初期，社会资源丰富，但物质条件差，民众更关注经济发展的问题，像如何填饱肚子，如何减贫，如何实现富裕，从而忽略了这种破坏式发展的负面影响。随着酸雨、雾霾、石漠化等自然灾害所带来的负面影响越来越显著，影响区域和人口范围逐渐扩大，政府和相关机构开始反思当前经济发展模式存在的弊端，呼吁健全环保法制，倡导和普及环保低碳的生活方式，全国自上而下对环保的逐渐重视使得生态环境逐渐好转。

综上，随着经济发展水平的提高，技术水平的日益先进，社会环保投入的加大，人们环保意识的逐步增强，政府在产业结构上的逐步调整，环保法律法规的逐渐完善，我国的环境资源状况最终会得到改善。具体表现为资源环境和经济发展水平之间呈现"倒 U 形"的曲线关系。

2.2.2　DSR(驱动力-状态-响应)模型

用于生态安全评价的模型主要有四种：PSR 模型(pressure-state-response，压力-状态-响应模型)、DSR 模型(driving force-state-response，驱动力-状态-响应模型)、DPSEEA 模型(driving force-pressure;state-exposure;effect-action,驱动力-压力;状态-暴露;影响-响应模型)和 DPSIR 模型(driving force-pressure-state-impact-response,驱动力-压力-状态-影响-响应模型)。其中,DSR 模型是经济合作与发展组织(Organization for Economic Co-operation and Development,OECD)与联合国环境规划署(United Nations Environment Programme,UNEP)于 1996 年共同提出的,可以全面科学地反映在整个生态系统安全中的经济、社会和自然环境因素之间的关系,内容包括人类活动对生态环境形成的驱动力,自然资源随之产生的质和量的变化,以及最终人类对这些变化的响应和反馈。

DSR 模型是联合国可持续发展委员会(Commission on Sustainable Development,CSD)以 PSR 模型为基础扩充发展形成的。在 20 世纪 70 年代加拿大统计学家 Rapport 和 Friend 提出 PSR 框架模型。1990 年经济合作与发展组织(OECD)将这一方法应用于环境指标研究,并创建了一套针对世界重要环境问题的指标体系。OECD 的 PSR 指标框架模式的结构可表述为:人类活动(如污染物排放、土地占用等)对生态环境施加了"压力"(press),环境"状态"(state)(如环境质量、资源数量等)因此发生了改变,政府及相关机构通过"响应"(response)(如政府决策、民间呼吁等)来降低对于资源环境的破坏。

DSR 模型与 PSR 模型框架基本类似。即经济发展、土地占用、三废排放等人类活动都是当前经济社会发展对环境的驱动力(driving force,D);在这些驱动力的作用之下,人类的生活质量和生存环境、生态环境与自然环境的状态(state,S)都会发生变化;基于这些改变,大自然、生态环境会自我调节作出响应,社会组织和个人也会采取一些措施来减轻、阻止、恢复和响应(response,R)这些变化,从而进行补救。DSR 模型突出反映了环境受到的压力和环境退化之间的因果关系,这与可持续发展的环境目标不谋而合。(详见图 2.1)

相较之下,DSR 模型中的"驱动力"指标比 PSR 中的"压力"指标内涵更加丰富。而本书基于"社会-经济-环境"这一复合生态系统,将生态环境作为地区贫困测度的内容,借此来反映生态环境与地区贫困之间的互动协调关系,因此运用 DSR 模型构建综合贫困测度指标体系更加合理。

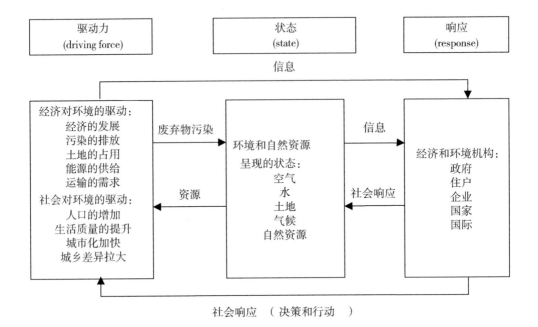

图 2.1   DSR 模型图示

注：该图示来自经济合作与发展组织（OECD）的 DSR 模型说明。

2.3   生态环境对贫困影响的理论基础

2.3.1   可持续发展理论

"可持续发展"（sustainable development）这个词语源自联合国环境规划署
（United Nations Environment Programme，UNEP）、世界自然保护联盟（International
Union for Conservation of Nature，IUCN）、世界自然基金会（World Wide Fund for
Nature or World Wildlife Fund，WWF）于 1980 年共同发表的《世界自然保护大纲》
报告，虽然这份报告并未对可持续发展给出十分明确的定义和说明，但是它提出
和明确了"可持续发展"的轮廓和内涵。可持续发展的明确概念在《我们共同的未
来》一书中提出，该书在 1987 年由世界环境与发展委员会（World Commission on
Environment and Development，WCED）出版。该书指出可持续发展是指"既要满足
当代人的需要，又不能对后代人满足他们所需的能力构成危害"的发展。这一概

念被学界认同并广泛采用，但它还是存在一定的局限性，比如偏重于审视时间维度上的发展，忽视了空间区域上的发展，较多强调代际公平而忽视了地区平衡发展以及国际公平等。

国外学者们从不同的研究领域各自发展出对这一概念的理解，形成了不同学派。各学派的研究侧重点均有不同，对于可持续发展这一概念产生了多元的理解。其中，经济学派侧重于研究和强调经济发展的可持续，认为经济发展是整个人类社会经济发展的源动力和保障，因而经济的可持续直接影响到社会发展的可持续。经济在增长与发展这两个层面的相互关系一直是学者们研究和讨论的热点问题，传统的经济增长已被现代的可持续发展取代。可持续发展既要求经济增长，更看重经济质量，也就是强调经济、社会、资源协调发展的内涵，兼顾资源的永续利用、环境的良性循环和环境承载力的科学发展观理念。"不牺牲环境与资源"与"不降低环境质量和不破坏世界自然资源"是不一样的概念，可持续发展的前提条件是要"保持自然资源的质量以及其提供的服务"。生态学派则更为重视非可持续发展的表现，把社会发展中出现的生态问题作为研究的主要方向，将生态放在首位，追求实现保护自然环境、平衡生态环境和合理开发、使用资源等目的，强调"保护和加强环境系统的再生和更新能力"。社会学派把社会发展中出现的社会问题作为研究的主要方向，人口急剧增长、贫富差距过大、区域发展落后、社会福利分配不均等是他们试图解决的问题。社会学派希望达成消除贫困、控制人口、区域平衡发展、经济效益与效率兼顾的目的，注重"改善当前人类的生活品质，创造未来美好的生活环境"。工程技术学派则试图从技术革新的角度为可持续发展提供更多的手段。通过改进"工艺或技术系统"来降低能源的消耗，最终实现"零排放"。目前国内外实际践行可持续发展的路径主要是通过科学技术的进步实现节能减排，这也是工程技术学派的主要贡献之一。

2.3.2 绿色减贫理论

传统的经济增长理论侧重于探讨和研究经济增长的速度，强调量的积累。经济发展的初级阶段，量的积累是首要的，量变产生质变，先有量才有质。然而当经济增长达到一定程度，地区产业结构面临升级，人们的生活需求层次上升，需要更高的生活品质，此时，单一的增长概念已不能完全表达经济变化的内涵，发展的概念便从增长中衍生出来了。

　　绿色减贫这一概念来自绿色发展理论，在该理论的论述中，"发展"和"增长"已经是两个不同的概念。所谓"增长"一般是指经济总量的增加，而"发展"则是在"增长"的概念外延上进一步扩大，涵盖了更加广泛的内容。发展不仅包含了增长所囊括的变量，比如能表达经济增长的量，如生产总值、经济总量，还包括了生态环境、社会稳定、人口福祉以及人类的可持续发展等内容。正是由于发展包含的内容较为全面，涵盖范围较大，因此如何准确测度及衡量发展就变成了当今学界争论的热点问题。目前采用的最多的指标体系是人类发展指数（human develepment index，HDI），这也是目前国际通行的标准。HDI 是联合国开发计划署（The United Nations Development Programme，UNDP）于 1990 年发布并在此后一直逐渐完善的一套标准体系，用以衡量各国的经济发展程度，其包括平均预期寿命、教育水平、食物补给和人均 GDP 等指标内容。

　　脱贫减贫一直是我国在经济发展中最为重视的课题，几十年的贫困治理工作取得了巨大的成就。新时期全国的减贫脱贫工作的形势发生了巨大变化。在当前贫困新课题的面前，贫困逐渐从经济概念向外衍生，越来越多的中国学者开始思考如何走出一条符合可持续发展要义的减贫脱贫新路径。何建坤（2012）提出当前中国的贫困治理工作应当与可持续发展理念相融合，实现绿色经济与可持续发展的制度建设与改革，是从根本上解决当前绿色发展和扶贫脱贫工作的核心与关键[157]。所谓绿色减贫，是既要维护"代际公平"，又要促进资源环境与社会经济发展之间的协调发展，还要关注贫困地区和贫困人群，维护社会稳定。无论贫困人口所处地区曾经的发展程度如何，都要使他们在原有的程度上进一步提高生活质量和改善生态环境。而要彻底地消除贫困，就必须坚定不移地走可持续发展的道路，否则贫困户就会陷入脱贫-返贫的低收入陷阱。戴旭宏（2012）认为我国贫困地区在地理分布上也多是生态脆弱地区，两者的结合使得扶贫开发必须平衡好经济发展与生态保护之间的关系，这就要求我们坚持"在保护中开发、在开发中保护"，贯彻绿色扶贫理念[159]。绿色扶贫是希望达成三位一体的可持续，即经济、社会和生态的可持续。随着生态问题的突出和扶贫攻坚的推进，绿色减贫得到了越来越多的关注。当前的研究侧重于论述绿色增长与有效减贫之间的关系，王景新等（2011）将两者的关系进行了有效的结合，他所调研的新疆和田红柳大芸种植项目受到了"中国-联合国开发计划署(UNDP)绿色扶贫项目"的支持,调研结果显示该项目具有多重的经济、社会和生态效益,既能够开辟沙漠新产业,形成新的产业增长点,又能够帮助当地农户减贫,还能够有效储备和保护耕地[160]。

2.4 相关理论的启示与分析框架的构建

综合前文1.2国内外研究现状和本章前三节的基础理论分析,本书构建了"测度—耦合协调—交互作用"的三峡库区贫困与生态环境交互影响机制的综合分析框架,见图2.2。

该框架主要从三方面内容,阐释了三峡库区贫困与生态环境之间的交互影响关系:

(1)三峡库区移民贫困的微观测度。以可行能力理论为基础,通过构建多维的移民贫困的测度指标体系,将生态环境因素包含在内,以此从移民视角探索贫困的细微表现。

(2)三峡库区贫困与生态环境的宏观测度及耦合分析。本书从DSR模型的内涵出发,构建经济、社会、生态三位一体的库区生态宏观测度指标体系,在此基础上分析库区贫困的时空分布特征以及库区贫困和生态环境的耦合协调关系。

(3)三峡库区贫困与生态环境的交互关系分析。一方面,由于三峡库区农业人口基数大,占比高,同时农业生产比重大,因此本书基于EKC理论模型,探讨库区贫困对库区农业生态环境的影响。为体现农业生产污染的空间扩散作用,本书在EKC的模型构建中加入了"空间效应"变量,并引入空间计量经济方法探讨库区贫困对生态环境的单向作用。另一方面,本书基于生态效率理论,通过测算农业生态效率研究库区生态环境与经济发展间的投入-产出关系,并在此基础上进一步探究库区农业生态效率的异质性对库区贫困的影响。由此完成三峡库区贫困与生态环境交互影响关系研究。

具体来说,本书的第三章基于可行能力理论对三峡移民贫困进行微观测度及贫困致因分析,见图2.3。Sen提出的可行能力理论为多维贫困测度打下了基础,打破了传统研究普遍采用的收入贫困线的划分标准,从此让贫困研究从单维走向多维。按收入划定的贫困线会随国家经济发展而不断变更。以三峡库区的宜昌市

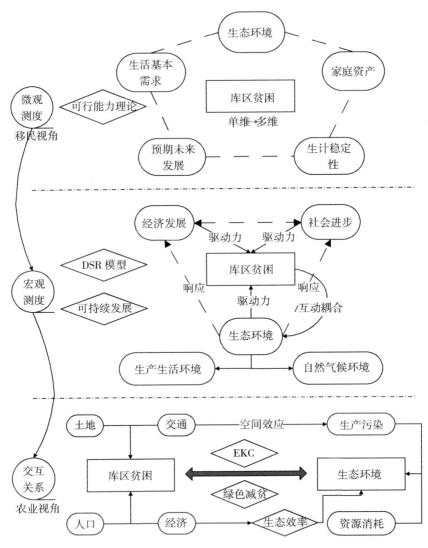

图 2.2 三峡库区贫困与生态环境交互影响机制的综合分析框架

为例,按照农民人均纯收入 2300 元(2010 年不变价)的扶贫标准,宜昌市农村贫困人口数量从 2010 年的 60.6 万人下降到 2015 年的 44.3 万人,贫困发生率从 2010 年的 24%下降到 2015 年的 17.6%(三峡日报,2015)[2]。然而,2014 年我国更新了农村贫困标准,将其调整为年人均纯收入 2800 元人民币。如果以新标准去测定贫困人口,宜昌的减贫效果就会相应发生变化。同时,收入这一标准难以准确涵盖所有的贫困表现。就三峡库区而言,在当前的精准扶贫形势下,单一的收入贫困线标准会掩盖许多移民生活中的贫困问题，已不可能实现对贫困农户的精准识别。因此本书从可行能力理论出发，以多维贫困的测度方法评估库区移民的贫困现状，可以更精确地识别移民的贫困状态与了解其减贫需求。

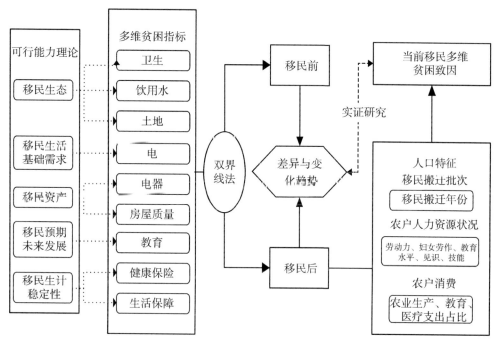

图 2.3　三峡库区贫困微观测度及其贫困致因的分析框架

本书的第四章将生态、社会和经济的动态互动关系考虑在内，基于 DSR 模型构建指标体系宏观测度库区贫困与生态环境，并在此基础上对库区贫困与生态环境的耦合协调关系进行分析，见图 2.4。DSR 模型较多运用在生态安全以及生态效率评价等研究上，各国家、各组织也利用 DSR 模型进行了多方的运用与探索。我们通过借助 DSR 模型中所梳理的生态、经济、社会之间的相对关系来揭示贫困发生的机理，就此可以将 DSR 模型的应用外延扩大。学者们在测度贫困时较少将生态因素考虑在内，而 DSR 模型则可以为我们提供一个新的地区贫困测度的思路。本书基于 DSR 模型提出地区综合减贫指数（反映绿色减贫压力）的测度指标体系，将生态、经济和社会因素有效融合到贫困测度指标体系中，全面地反映出地区贫困的状况。

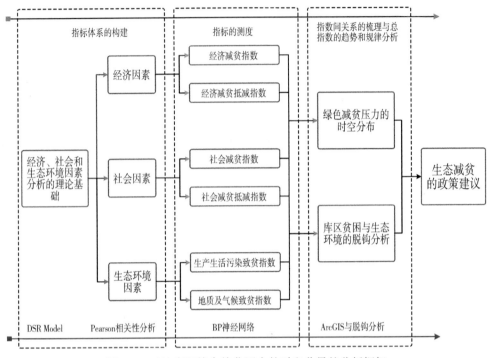

图 2.4　三峡库区综合扶贫压力的时空分异的分析框架

　　本书的第五章开始具体探索贫困与生态的交互影响关系，见图 2.5。首先，本书基于农业 EKC 探讨三峡库区贫困对生态环境的影响。环境库兹涅茨曲线是非常成熟的理论，已得到广泛的应用，它直接且有效地描述了经济发展与生态环境之间的变动关系，这为本书在探究生态环境与库区贫困之间的互动关系提供了良好的基础，同时也为后文农业生态效率的研究进行了行文的铺垫。根据《三峡公报》数据，截至 2015 年，库区约有 54.7% 的农业人口。此外，库区的 11 个贫困县的经济也多依赖于农业。因此，本书主要基于农业 EKC 探讨库区贫困对生态环境的影响。三峡库区的 26 个县市在地理环境上紧密相连，而长久以来的文化传承使库区的人文特征十分类似，在经济社会发展上更是互为依托，相互影响。因此，空间自相关性对这一地区农业的 EKC 极有可能造成较大影响。我们借鉴环境库兹涅茨曲线理论，并在此基础上将空间自相关性考虑在内，试图以此刻画出更为准确的三峡库区农业 EKC，以判断其拐点并分析库区的贫困对生态环境的影响。

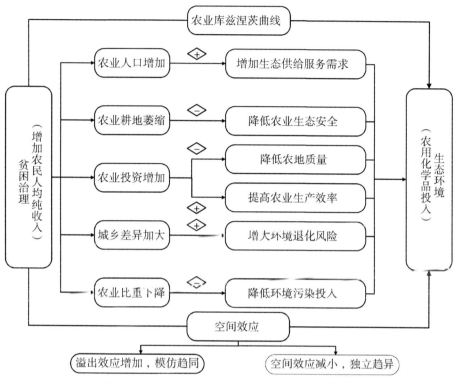

图 2.5 三峡库区贫困对生态环境的影响分析框架

本书的第六章作为贫困与生态环境交互影响机制研究的另一有机构成部分，从生态效率的角度出发，探讨三峡库区生态环境对贫困的影响，见图 2.6。生态效率理论的提出为研究生态环境与社会经济发展的内在联系打下基础，本书运用该理论从效率的角度探讨了生态投入的经济服务产出，初步探索了生态环境对库区经济发展的作用。三峡库区农业人口占多数，农业生产中农用化学品的使用对水土资源造成了持续性的破坏，因而关注库区农业生产的生态安全是有必要的。本书基于生态效率理论构建了库区农业生态效率测度指标体系，分析了库区农业生态效率的变化情况，并通过 Malmquist 指数以及 Multi-Stage 分析对农业生态效率进行分解，以挖掘农业生态效率驱动因素。进一步的，我们更深入地分析了库区生态效率的异质性对贫困的影响，由表及里充分探析了库区生态环境对贫困的影响，呼应前章库区贫困对生态环境的影响，形成了完整的互动影响关系的分析链。

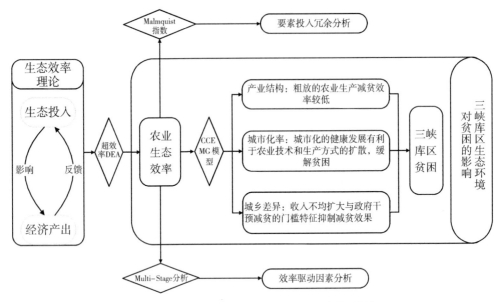

图 2.6　三峡库区生态环境对贫困的影响分析框架

　　可持续发展理念是当前我国经济发展与扶贫攻坚的主体核心思想,绿色减贫理论则在可持续发展理念上进一步延伸,更加强调减贫的协调与可持续性,是当前扶贫工作的重要指导思想。而本书始终围绕的主题是生态环境与贫困的交互影响,最终目的是能基于生态减贫的视角提出有效的扶贫策略与建议。绿色减贫强调兼顾生态与经济发展的扶贫开发,这与本书的研究初衷是不谋而合的。因此,本书基于绿色减贫理论,从全局上把握文章研究内容,提出相应的贫困治理政策与建议。

2.5　本章小结

　　本章梳理了本书研究的理论基础及其应用范围,包括可行能力理论、生态效率理论、环境库兹涅茨曲线、DSR 模型、可持续发展理论和绿色减贫理论。通过将理论与本书的研究内容相对应,在理论基础之上构建各研究内容的分析框架,阐述了各理论对本书的研究启示以及基于理论的各实证模块的研究思路。

第3章 三峡库区贫困的微观测度及其致因分析——基于798份移民调查问卷

在当前的精准扶贫形势下，单一的收入贫困线标准会掩盖许多库区人口的贫困问题，已不可能实现对贫困农户的精准识别。三峡工程的建设和随之而来的搬迁工程创造了一个特殊的群体——三峡库区移民。移民面临的生产、生活环境的突然变化，生计模式的被迫调整，使他们的贫困表现更为复杂。库区脆弱的生态环境和复杂的地质条件让传统的"靠山吃山、靠水吃水"的生计模式已不再适用，库区居民特别是移民需要重新适应新的生活环境与调整收入来源。本书考虑到三峡库区生态脆弱的这一特点，在移民贫困测度中将卫生、饮用水、土地等方面的生态因素纳入考虑。基于多维视角的贫困测度对于了解当前移民的贫困变化是更为精准的，同时，也是挖掘移民的"穷根"的必要基础。

3.1 三峡库区贫困的基本特征

3.1.1 三峡库区整体的贫困状况

三峡库区位于我国14个集中连片贫困区中武陵山区和秦巴山区的涵盖范围，其中三峡库区26个区县中有11个县为国家贫困县，分别为万州区(原四川省万州三峡移民开发区)、石柱县、武隆区、丰都县、巫溪县、巫山县、奉节县、云阳县、开县、巴东县、秭归县。这些国家贫困县域面积占到三峡库区总面积的63.7%，影响到的人口占到三峡库区总人口的45.2%。2014年度三峡库区城镇居民可支配收入为19356元，农民人均纯收入为9216元，分别比全国均值低32.8%和12.1%。

三峡库区的地质条件特殊，山高坡陡，地形破碎，可耕地资源匮乏，人地矛盾突出。三峡工程建设中的水库建设和蓄水，以及水土流失、自然灾害毁损等原因造成可分配的耕地进一步减少。与建设前相比，库区人地矛盾更加突出。根据九三学社中央委员会调研发现，1992 年三峡库区人口密度为 282 人/平方公里，如今已经逐渐增长到 359 人/平方公里，是全国平均数的 2.6 倍和同类型山地丘陵区的 4 倍以上。库区有限的资源环境承载力需要负担越来越多的人口，这明显超出了其承载范围，导致库区的人地矛盾逐渐恶化，贫困问题也愈发严重。

3.1.2　三峡库区的移民贫困

三峡库区的移民搬迁工程是我国史上最大的移民工程项目，过去的 20 多年间共有 127 万移民迁出了此前居住的水库淹没区，总搬迁人口相当于一个欧洲中等国家的人口。随着三峡工程建设而来的移民大搬迁让移民的生计模式发生了变化，政府虽然在移民政策上给予了移民相应的补偿与补贴，但收入只是经济贫困的表征之一，并不能涵盖贫困的全部内容。移民"搬得出，稳得住、逐步能致富"是判断库区移民搬迁目标实现的标准，也是对库区移民减贫脱贫的要求。

三峡库区在移民搬迁后，人均耕地仅为 0.77 亩。更让人忧心的是考虑到三峡库区山区特征，扣除 25 度以上坡地后，人均耕地面积更是下降到了 0.54 亩。目前，三峡库区土壤薄、肥力较低，以传统农业为主。2012 年，种植业年平均亩产值不足 1000 元。目前的农业生产状态难以保障移民的生活，更谈不上脱贫致富了。

三峡库区在移民搬迁工作中为解决就业问题，曾经大力引入制造企业，希望"请岗位进来"以解决库区移民就业问题。然而，由于诸多因素限制，目前三峡库区工矿企业总体体量小，实力弱，布局分散，尚未建立支柱性产业。同时，库区内部产业发展模式重复造成低效。由于尚未形成产业及交通核心，三峡库区企业运营成本较高，而由于缺乏支柱产业和产业链，库区更谈不上建立可持续发展的产业布局，这些都导致了三峡库区就业岗位不足，从而制约了库区移民的安稳致富。

据《三峡移民职业教育和技能培训规划纲要》相关数据显示，2010 年库区移民平均受教育年限低于全国平均水平，成年人文盲、半文盲的比例达 15%，高中及以上文化程度城镇移民劳动力占 26.62%，后靠农村移民劳动力占 9.31%。当前库区移民多是从事传统异地产业的种养殖业和二、三产业中不太需要技术含量的工作，可替代性高。因此在失去土地后，移民无法适应搬迁安置后新的生活以及生产，导致失业率高，生活困难群体不断扩大，库区移民不断边缘化并开始具有代际传递的趋势。

移民是三峡工程搬迁所形成的特殊群体，他们为库区的建设做出了牺牲和贡献。在 17 年的工程搬迁期内，最初的补偿补助政策是在当时的计划经济模式下制定的，因此未能准确衡量受淹经营性资产的损失、农村移民进城的建房困难和城集镇的整体功能恢复难度，使得移民难以恢复正常的生产生活。而今，随着经济社会发展，移民要求按新的政策获得更多权益，期望分享三峡工程综合效益，对当前生活改善有了新的诉求。当前的精准扶贫基本要求是"落实到户"。移民这一特殊群体，在贫困表现和减贫诉求上都与其他群体有着不一样的特点。因此，在精准扶贫的工作中他们应该受到更多的重视和关注。如何解决好移民的贫困问题是维护三峡库区社会稳定的关键问题之一。

3.2　多维贫困测度方法、指标体系和数据来源

3.2.1　多维贫困测度方法——双界线法

多维贫困测度的数据来源是通过对个体或者家庭开展调查以获取的其在每个贫困维度上的取值。所谓双界线法是指在单维和多维两个层面上两次测度贫困的方法。首先，在每个维度下先确定各自的贫困标准，以此判断个体在这一维度上是否贫困。其次，将所有维度的贫困状况加总后，综合所有的维度，再确定一个贫困标准来判断个体是否陷入多维贫困。

多维贫困的测量方法和步骤如下：

(1)各维度取值。让 M^{ab} 代表 $a \times b$ 维矩阵，并且令矩阵的元素 $X \in M^{ab}$，表示 a 个人在共 b 个维度上的取值。X_{ij} 表示第 i 个个体在维度 j 上的取值，$i = 1$，2，$\cdots$，a，$j = 1$，2，$\cdots$，b。

在矩阵中，以行向量 $(X_{i1}, X_{i2}, \cdots, X_{ib})$ 表示第 i 个个体 X 在共 b 个维度上的具体取值。而列向量 $(X_{1j}, X_{2j}, \cdots, X_{aj})$ 则是指不同的共 a 个个体的 X 在第 j 个维度上的取值分布。

(2)贫困识别。步骤如下：

①单维度贫困识别。令 $Y_j(j > 0)$ 表示在第 j 个维度的具体情况，即该维度的能力是否被剥夺。

对于任何矩阵 Y，可以定义一个剥夺矩阵(deprivation matrix)：$e^0 = [e_{ij}^0]$。其典型元素 e_{ij}^0 的定义是：当 $X_{ij} < Y_j$ 时，$e_{ij}^0 = 1$；当 $X_{ij} \geqslant Y_j$ 时，$e_{ij}^0 = 0$。例如，对于第 ij 个元素，当某个体 i 在第 j 个维度(例如饮用水)上是贫困的时，赋值为 1；反之，赋值为 0。更详细地说，可以定义饮用水(j)的临界值为家庭拥有可靠健康的饮用水来源，如果某个体 i 家里具备了这样的条件，即 $X_{ij} = 1 \geqslant Y_j = 1$，则 $e_{ij}^0 = 0$；反之，$X_{ij} = 0 < Y_j = 1$，则 $e_{ij}^0 = 1$。

对于这个剥夺矩阵 e^0，可以将其定义为代表个体 i 的某列向量被剥夺的维度总和，即贫困维度数，那么第 i 个元素的值为 $c_i = e^0$。

②多维度(k)贫困识别。在某一具体维度上的贫困是指，剥夺矩阵 $e^0 = [e_{ij}^0]$ 中的每一个值，取值 1 则表示在此维度被剥夺。而多维贫困则是指，在同时考虑 k 个维度的情况下，该个体是否存在被同时剥夺的情况。比如，假设设置的多维贫困的总维度为 9 个，当 $k = 3$ 时，意味着在 9 个维度中，该个体同时有任意 3 个维度被剥夺。

令 $k = 1, 2, \cdots, d$，P_k 为考虑 k 个维度时识别贫困户的函数。当 $c_i \geqslant k$ 时，$P_k(y_i, z) = 1$；当 $c_i < k$ 时，$P_k(y_i, z) = 0$。也就是说，如果第 i 个个体被剥夺的维度和 (c_i) 大于等于 k 时，P_k 定义个体 i 为贫困户或贫困个体；反之，则并未陷入贫困。必须注意的是，P_k 包括两个极值：当 $k = 1$ 时，为单维贫困的测度；当 $k = d$ 时，为多维贫困测度的截面方法。

③贫困加总。在识别了每个维度的被剥夺状况后，需要进行维度加总，最终获得多维综合指数。最简单的加总方法是 Foster-Greer-Thorbecke (FGT) 方法 (Foster, Greer, Thorbecke, 1984)，该方法按人头计算多维贫困发生率 (H)：$H = H(x, y)$；$H = q/n$，其中，q 是在 y_k 之下的贫困个体数(同时存在 k 个维度被剥夺的总个体数)。FGT 方法虽然便于计算，但是无法深入揭示贫困在各维度的分布状况和被剥夺的程度。

为解决这一问题，Alkire 和 Foster(2007) 在以上方法的基础上修正了 FGT 的多维贫困测量方法，提出了多维贫困指数(MPI)。计算公式如下：

$$M_0(x, y) = \mu(e^0(k)), \quad M_0 = \mu(e^0(k)) = HA \tag{3.1}$$

M_0 即为调整后的多维贫困指数。它由两部分构成：一部分为 H(贫困发生率)；另一部分为 A(平均剥夺份额)，$A = \mid c(k) \mid /(qd)$。

上式是对贫困发生率(H)用平均剥夺份额(A)进行调整后得到的多维贫困指数 (M_0)。

此外，我们还可以更精确地测度贫困，即可以用平均贫困距 G 进一步对 M_0 进行调整，得到：

$$M_1 = \mu(e^1(k)) = HAG \tag{3.2}$$

上式中，$G = \mid e^1(k) \mid / \mid e^0(k) \mid$，$e_{ij} = (y_j - x_{ij})/z_j$。

参考上述做法，采用贫困深度 S 对 M_0 进行调整，则可以得到：

$$M_2 = \mu(e^2(k)) = HAS \tag{3.3}$$

上式中，$S = \mid e^2(k) \mid / \mid e^0(k) \mid$，$e_{ij}^2 = (e_{ij}^1)^2$

综上所述，在实际应用中，我们可根据不同需求采用多维贫困指数的 M_0、M_1 和 M_2 等不同形式。

④权重确定。进行维度加总时，各维度的权重会影响到最终结果。本书采用相等权重。

3.2.2 多维贫困指标体系的构建

本书在指标设计上参考了联合国开发计划署的相关计划和联合国千年发展目标(Millennium Development Goals，MDGs)。联合国千年发展目标提出将全球贫困水平在 2015 年之前降低一半(以 1990 年的水平为标准)，该计划共设有八大目标：(1)消灭极端贫穷和饥饿；(2)普及全部初等教育；(3)促进两性平等并赋予妇女权力；(4)降低儿童死亡率；(5)改善产妇保健；(6)对抗艾滋病及其他疾病；(7)确保环境的可持续能力；(8)全球合作促进发展。

通过参照联合国千年发展目标，结合中国国情，并在此基础上参考相关学者(王小林和 Alkire，2009[35]；Alkire，2011[19]；邹薇，2011[24]；方迎风，2012[23]；杨龙和汪三贵，2015[31])的研究经验，本书选择了以下九个维度构建多维贫困测度指标体系(详见表 3.1)。表 3.1 对参考了联合国千年发展目标的具体指标进行了说明。

在该指标体系中，教育、健康保险、生活保障表征移民未来预期发展情况及生计稳定性，而饮用水与卫生表征移民生活卫生状况，电表征生活基础需求，房屋质量、电器则作为资产硬指标表征当前家庭的生活质量。本章研究三峡库区移民的贫困问题，移民多为农民，因此土地是移民最主要的生计来源，土地肥沃程度和坡度也反映了移民的生产活动质量。本书中，我们结合现有文献提出了指标体系并进行了重构，将社会保障这一维度纳入指标体系中，分为健康保险和生活保障两个细分的指标进行衡量，以体现移民政策中社会保障相关政策对于缓解移民贫困的作用。本书将大多数学者采用的住房指标由是否拥有住房改为房屋质量，以更科学地度量移民住房的改善程度。

表 3.1　　　　　　　　三峡库区移民多维贫困测度指标体系

内容	维度	被剥夺的内容	备注	说明
移民预期未来发展情况	1. 教育	如果家庭中存在 18 岁以上的成年人没有完成义务教育，则取值 1，意为被剥夺	王小林和 Alkire（2009）[35]	MDG2
移民生产、生活、生态环境	2. 卫生	家中有无冲水厕所，若没有，则取值 1，意为被剥夺	邹薇（2011）[24]；方迎风（2012）[23]	MDG7
	3. 饮用水	家中的饮用水水源是否来自深度为 5 米以下的地下水或是水厂，若没有，则取值 1，意为被剥夺	李飞（2012）[28]；邹薇（2011）[24]	MDG7
	4. 土地	若家庭中人均耕地面积低于 1 亩，则取值 1，意为被剥夺	Alkire（2011）[19]；杨龙、汪三贵（2015）[31]	
移民生计稳定性	5. 健康保险	若家中没有农村合作医疗保险，则取值 1，意为被剥夺	王小林和 Alkire（2009）[35]	MDG4 MDG5
	6. 生活保障	若家中没有农村社会养老保险，则取值 1，意为被剥夺	孙秀玲（2012）[36]	
移民生活基础需求	7. 电	家中不通电，则取值 1，意为被剥夺	杨龙、汪三贵（2015）[31]	
移民家庭资产	8. 房屋质量	若不是以钢筋混凝土为建筑材料，则取值 1，意为被剥夺	高艳云(2012)[37]；借鉴帅传敏(2016)[161]经验改进	
	9. 电器	家庭中的电器，比如电视机、洗衣机、冰箱、卫星天线、手机。若缺乏其中两项，则取值 1，意为被剥夺	杨龙、汪三贵(2015)[31]	

注：笔者基于联合国千年发展目标（MDGs）相应条款并参考学者研究经验构建。

双界线法下，多维贫困的标准与贫困临界值 k 的大小相关。因此，确定合适的 k 值才能准确测度贫困。联合国在多维贫困测度中指出，应以 $k \geq 1/3$ 来定义多维贫困。邹薇和方迎风（2011）[24]、高艳云和马瑜（2014）[29]、Alkire 和 Santos（2014）[30]、杨龙和汪三贵（2015）[31]将 k 取值为 1/3，基于多维贫困视角对贫困问题进行了研究。根据前人研究经验，本书确定总贫困维度为 9 个，因而本书所指的多维贫困即为达到了 3 维及以上的贫困。

3.2.3 数据来源

本书的数据来自课题组于 2015 年 7 月 16 日—8 月 27 日，共计 9 名成员在三峡库区四地开展的为期 43 天的实地调查问卷结果，具体调查问卷见附录。在实际调研和样本采集中，我们采取分层抽样和随机抽样相结合的方式，确保采访的农户均为移民农户。实地问卷调查范围涵盖湖北和重庆两个省（市），包括秭归县、夷陵区、万州区、开县 4 个县（区）。通过采用随机抽样的方式抽取样本村和样本户，开展一对一的实地移民农户访谈调查，共收回移民农户调查问卷 798 份。问卷回收后课题组对全部问卷资料进行审核，对于有关键遗漏项及有明显逻辑错误的问卷予以剔除，共得到有效问卷 796 份，问卷有效率为 99.75%。整体样本里，秭归县、夷陵区、万州区和开县的有效样本数分别为 198、200、199 和 199 份。三峡的发展规划区分为库首、库中和库尾三个部分，从淹没区域、移民人数占比以及区域面积占比来看，库首与库中是受影响最直接也是最大的区域，而本书调查所选取的样本区正涵盖了这两大重要区域，从区域归属上看，夷陵和秭归属于库首区，开县和万州属于库中区，问卷调查不仅涉及的区域比较广，样本数据的代表性也比较强。

3.3 基于双界线法的三峡库区移民贫困测度

3.3.1 三峡库区移民前后各维度贫困变化

本书对三峡库区移民在 9 个维度上的贫困表现进行了具体分析。由表 3.2 可见，除了电、教育维度以外，移民前的各维度贫困发生率非常高，均在 80% 以上，其中绝大多数移民家庭在移民前没有冲水厕所，饮用水也非自来水，直接来自井水或江水，房屋多为土砖房，家庭基本电器严重缺乏，了解和与外界沟通的渠道非常少，医疗保险以及养老保险更无从谈起。

而由表 3.3 可见，移民后，除土地、教育维度外，其他维度的贫困发生率均下降至 30% 以下，生活条件改善巨大，但同时 97.74% 的家庭人均耕地不足 1 亩，家庭生计来源已基本离开土地。

表 3.2　　　　　　　　　　移民前单维贫困发生率

单维度贫困	饮用水	卫生	电	教育	土地
贫困户数	688	748	24	243	642
贫困发生率	86.43%	93.97%	3.02%	30.53%	80.65%
单维度贫困	健康保险	生活保障	电器	房屋质量	
贫困户数	702	702	775	748	
贫困发生率	88.19%	88.19%	97.36%	93.97%	

资料来源：笔者根据调查问卷数据计算而得。

表 3.3　　　　　　　　　　移民后单维贫困发生率

单维度贫困	饮用水	卫生	电	教育	土地
贫困户数	181	119	2	241	778
贫困发生率	22.74%	14.95%	0.25%	30.28%	97.74%
单维度贫困	健康保险	生活保障	电器	房屋质量	
贫困户数	32	56	212	27	
贫困发生率	4.02%	7.04%	26.63%	3.39%	

资料来源：笔者根据调查问卷数据计算而得。

本书将移民前后的单维贫困状况进行了对比，由表 3.4 和图 3.1 可见：

(1) 贫困状况有非常明显的改善。在 796 个样本家庭中，在饮用水、卫生、健康保险、生活保障、电器以及房屋质量等 6 个维度上，贫困户减少数量十分可观，均在 500 户以上。房屋质量改善效果最为明显，实现了 721 户脱贫。近年来，我国经济的迅猛发展也惠及了广大贫困地区，通路、通电、通水等基础设施建设极大地提高了农村的生活质量。

（2）教育这一维度的贫困状况却无明显改善。因为家庭成年劳动力中缺失教育的多为家中的中老年人，而这一代人的教育贫困有可能对一个家庭的教育贫困造成代际传递的影响。

表3.4 　　　　　　　　　　移民前后各维度剥夺情况对比

单维度贫困	饮用水	卫生	电	教育	土地	健康保险	生活保障	电器	房屋质量
贫困户数减少	507	629	22	2	−136	670	646	563	721
贫困发生率减少	63.69%	79.02%	2.77%	0.25%	−17.09%	84.17%	81.15%	70.73%	90.58%
相对比率下降	73.69%	84.09%	91.67%	0.82%	−21.18%	95.44%	92.02%	72.65%	96.39%

资料来源：笔者根据调查问卷数据计算而得。

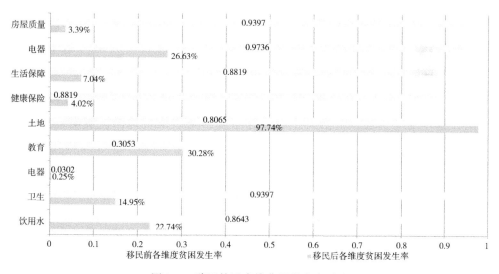

图3.1 移民前后多维贫困发生率对比

（3）具体到每个维度的剥夺状况上，贫困表现最严重的为土地。我国是农业大国，土地一直以来是农村家庭最主要也是最重要的资产，是生产生活，甚至是生存的必要保障。在土地这一维度上，三峡库区移民后与移民前相比贫困发生率不降反升,这说明了三峡库区移民在搬迁后,失地状况正在恶化。与移民前相比有超过 17% 的农民家庭从有地变成缺地,甚至是无地。这也是三峡库区移民贫困表现的独特之处:由于库区大规模的后靠搬迁和整体搬迁,移民离开原有村落,搬至山顶,原有耕地被江水淹没,而搬迁后能进行分配的土地面积小,肥力差,使得移民逐渐放弃了耕地。

3.3.2　三峡库区移民前后单维贫困变化

通过对 3.1.1 节中双界线法的运用,我们计算出了多维贫困发生率 A。移民前后在不同维度下的多维贫困发生率如表 3.5 所示。

由表 3.5 和图 3.2 可见:(1)以三维度为多维贫困线,三峡库区移民家庭共有 552 户脱贫,占总样本的 69.35%。移民前发生三维度及以上贫困的有 792 户,而移民后为 240 户,多维贫困的发生数量大幅下降。(2)移民前农村家庭多集中于七维以上贫困,移民后农村家庭则集中于三维以下贫困。移民前直到七维贫困,贫困发生率依旧处于 68.72% 的高点,近 70% 以上的家庭都存在极其严重的多维贫困。而观察移民后的状况发现,三维贫困发生率已经迅速下降至 30.15%,四维贫困发生率更是下降到 10% 以下。这说明移民后库区移民家庭的生活状况得到了巨大的改善。(3)移民政策显著加快减贫速度。三峡库区移民前多维贫困发生率居高不下,直到八维贫困才出现明显减少,贫困发生率下降到 17.46%。而移民后随着维度增加,贫困发生率迅速下降,至四维贫困时,贫困发生率仅为 8.54%。

表 3.5　　　　　　　　　　　　多维贫困发生率一览表

维度	多维贫困发生户数		贫困户数减少	多维贫困发生率(%)		贫困发生率降低(%)
	移民前	移民后		移民前	移民后	
1	796	787	9	100.00	98.87	1.13
2	796	528	268	100.00	66.33	33.67
3	792	240	552	99.50	30.15	69.35
4	781	68	713	98.12	8.54	89.57
5	743	18	725	93.34	2.26	91.08

续表

| 维度 | 多维贫困发生户数 | | 贫困户数 | 多维贫困发生率(%) | | 贫困发生率降低 |
	移民前	移民后	减少	移民前	移民后	(%)
6	677	6	671	85. 05	0. 75	84. 30
7	547	1	546	68. 72	0. 13	68. 59
8	139	0	139	17. 46	0. 00	17. 46
9	1	0	1	0. 13	0. 00	0. 13

资料来源：笔者根据调查问卷数据计算而得。

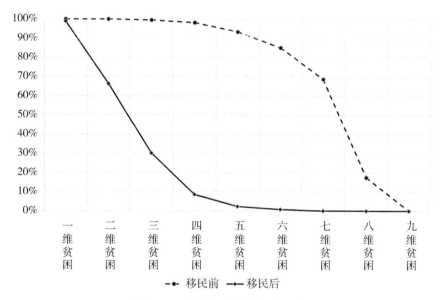

图 3.2　三峡库区多维贫困发生率

依据 2013 年的统计数据，三峡库区 26 个区县乡村人口总数为 766.08 万人，本书如果以三维度为多维贫困线，移民前多维贫困发生率为 99.5%，移民后多维贫困发生率为 30.15%，那么可以推算移民后经三峡库区移民政策扶持而脱贫的人口达到 531.27 万人。三峡库区移民政策以及国家经济发展带来了显著的库区益贫性发展，这使移民生活以及生存质量都得到了大幅提升，既让三峡工程造福了全国人民，又使这一连片特困区域的贫困状况得以缓解。

3.3.3　三峡库区移民前后多维贫困变化

根据 MPI 指数的计算公式，我们计算出贫困剥夺份额及多维贫困指数。由表 3.6 可见，随着贫困维度的递增，移民前后的贫困剥夺份额都在不断增加，然而两者依旧存在比较明显的差异。根据前文分析，库区移民家庭在移民搬迁前处于一种高维贫困状态(深陷长期贫困)，因此贫困维度的增加对其贫困状态的影响十分轻微，贫困剥夺份额一直相对较高，移民家庭剥夺状况十分严重。移民后，随着贫困维度的增加，贫困剥夺份额也相应增加，这说明每当贫困线，即贫困维度提高，就有相当数量的家庭样本从中被剔除(也就是在某一多维贫困标准下脱贫)。很明显，移民后的贫困剥夺份额相较移民前下降了不少，说明移民后贫困剥夺程度减轻了许多。

表 3.6　　　　　　　　　　　　　多维贫困发生指数

维度阶段	贫困状态	贫困发生率(%)		贫困剥夺份额		多维贫困指数	
		移民前	移民后	移民前	移民后	移民前	移民后
1	从未陷入贫困(0)	100.00	98.87	0.7359	0.2327	0.7359	0.2300
2	暂时脱离贫困(1~2)	100.00	66.33	0.7359	0.2923	0.7359	0.1939
3	暂时贫困(贫困临界值)(3)	99.50	30.15	0.7385	0.3764	0.7348	0.1135
4	陷入长期贫困(4)	98.12	8.54	0.7442	0.4853	0.7302	0.0414
5	深陷长期贫困(≥5)	93.34	2.26	0.7595	0.5988	0.7089	0.0135

资料来源：根据调查问卷数据计算而得。

根据表 3.6 的数据可得到多维贫困指数变化趋势图，由图 3.3 可见，移民前三峡库区多维贫困发生率从一维到五维一直居于高位，与移民后的状况存在显著的差异。移民前的多维贫困指数一直在 0.7 以上，而移民后的多维贫困指数一直低于 0.2，且随着维度增加逐渐下降。这也再一次反映了移民前后贫困状况的差异以及贫困状况的改善。

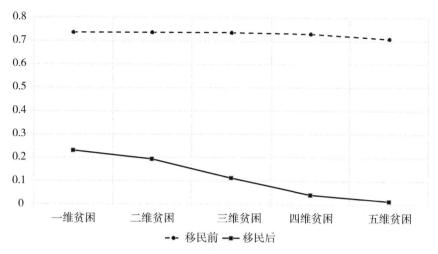

图 3.3　三峡库区多维贫困指数

3.4　移民多维贫困的特征

3.4.1　多维贫困贡献率

由前文分析可知，库区目前仍有 30.15% 的人口生活在三维贫困下。为了更深入地挖掘贫困人口的贫困致因，本书更进一步地测算了多维贫困状态下各维度贫困发生率，结果见表 3.7。

表 3.7　　　　　　　　多维贫困状态下各维度贫困发生率

发生率	饮用水	卫生	电	教育	土地	健康保险	生活保障	电器	房屋质量
移民前	86.74%	94.32%	3.03%	30.68%	80.81%	87.25%	88.64%	97.85%	93.94%
移民后	42.08%	39.58%	0.83%	60.83%	100.00%	9.17%	19.58%	60.00%	6.67%

资料来源：笔者根据调查问卷数据计算而得。

表 3.7 列出了多维贫困状态下的移民在各维度的贫困发生率。通过时序对比发现：

（1）饮用水和卫生有一定改善。在贫困移民中，这两个维度的贫困发生率由 86.74% 和 94.32% 下降至 42.08% 和 39.58%。这种改善与三峡库区的改水改厕政策的实施是分不开的，然而我们在实地调研中发现虽然部分村子进行了自来水的集中改造，但由于费用、设施老化等原因，一部分设施被弃置，进而相当一部分的移民家中虽然旱厕改了水厕，但实际上是没有冲水设施的，也缺乏统一铺设的下水管道进行污水处理。

(2)电贫困进一步得到缓解。移民前三峡库区的电贫困问题本就不严重，移民后贫困户中仅有 0.83% 家中仍未通电。实地调研发现仍未通电的移民贫困户均是村集中电网铺设时候的遗漏户，这说明电网改造还要进一步深入，不能遗漏一村一户。

(3)土地和教育的贫困状态在恶化。贫困移民的土地贫困发生率由 80.81% 上升至 100%。工程建设 20 多年来，三峡库区可耕地淹没面积约为 1.94 万公顷，可分配土地急剧减少。调研中移民户也均反映目前的耕地保水保肥能力较差，失地问题愈发加剧。中老年的教育缺失问题也在移民后凸显。教育贫困发生率由 30.68% 上升至 60.83%。因此我们在书中探讨的教育贫困并非传统的青少年教育贫困，而是中老年劳动力的教育贫困。调研中笔者发现库区 40~50 岁的中年人，既无地可种，也找不到相应工作，劳动技能的缺失造成他们闲赋在家，多数都寄望于低保。

(4)健康保险、生活保障维度还应继续改善。目前依然还有 9.17% 的移民没有合作医疗保险，19.58% 的移民没有社会养老保险，存在这样问题的移民认为他们缺乏生活保障，笔者在实地调研中也发现这部分移民存在较大的移民情绪和心理不稳定等状态。

(5)贫困移民房屋质量和拥有电器情况得到了改善，但电器的程度不及房屋质量的改善程度显著。通过搬迁有 87.27% 的贫困移民搬入了钢筋水泥材料的住房，摆脱了原来的土房或砖瓦房，可只有 37.85% 的贫困移民电器状况得以改善，这说明移民的生活质量仍有待提高。

表 3.8 为移民前后三维贫困时各维度贡献率，图 3.4 和图 3.5 分别为移民前、后各维度贡献率面积图。由表 3.8 和图 3.4 可见，移民前各维度的贡献率比较平均，这种在各维度广泛而深入的贫困说明不存在哪一个维度的贫困状态更严重，除了电以外，几个关乎到卫生、资产、家庭生活保障的维度都存在贫困表现。这种贫困表现给当地贫困治理带来了巨大的挑战，因为需要解决的难题太多。

表 3.8　　　　　　　　　　移民前后三维贫困时各维度贡献率

贡献率	饮用水	卫生	电	教育	土地	健康保险	生活保障	电器	房屋质量
移民前	13.05%	14.19%	0.46%	4.62%	12.16%	13.34%	13.34%	14.72%	14.13%
移民后	12.42%	11.69%	0.25%	17.96%	29.52%	2.71%	5.78%	17.71%	1.97%

资料来源：笔者根据调查问卷数据计算而得。

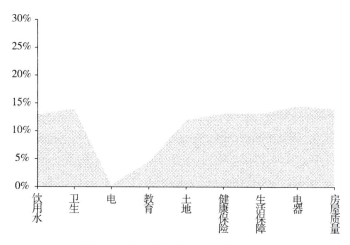

图 3.4　移民前各维度贡献率面积图

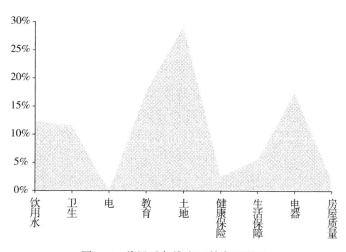

图 3.5　移民后各维度贡献率面积图

由表 3.8 和图 3.5 可见，移民后贫困户的贫困致因更为明确：(1)资产贫困是第一大致因。土地是农民重要的生产资产，而电器代表农户的生活资产。土地对贫困的贡献率最高，为 29.52%，电器的贫困贡献率为 17.71%，合计 47.23%。在资产贫困中，失地致贫所带来的后续影响更为严重，丧失生活资料又缺乏其他生计来源，移民极容易陷入"贫困陷阱"；(2)教育贫困是第二大致因，也应得到重视。教育这一维度的贫困贡献率为 17.96%，在九个维度中位列第二。中老年劳动力的教育缺失容易造成家庭很长一段时间的生计困难，并可能带来教育贫困的代际传递，因此我们认为加强库区成年移民的技能再教育，提高其获取收入的能力，是解决库区贫困必须要面临的问题；(3)卫生贫困是另一大重要致因，需继续跟进。饮用水与卫生的贫困贡献率分别为 12.42% 和 11.69%。移民家庭卫生意识较淡，农村水管、下水道等基础设施建设不足等原因都造成了库区卫生条件仍有待改善。

3.4.2　移民失地状况的贫困距与贫困深度

由上节分析可知，移民后唯一产生贫困恶化的维度是土地，也就是说移民后失地情况更加严重了。由此，我们借由贫困距和贫困深度更深层地了解这一维度的贫困。由表 3.9 可见，我们以饮用水、土地、房屋质量三个维度为例测算贫困距与贫困深度，很明显地可以看出，饮用水和房屋质量移民后的贫困距和贫困深度都有明显的下降，而土地是不降反升的，移民后的土地贫困距为 0.82，是移民前的近 2 倍，而贫困深度为 0.67，是移民前的近 4 倍。此外，随着移民搬迁，大量村落整体搬迁至海拔较高地区，根据调研数据显示，87.32% 的家庭坡地占耕地的比重上升，30.31% 的家庭坡地较陡(16 度≤坡度≤25 度)。土地不仅保水保肥能力较差，也较容易产生滑坡。尤其是三峡库区蓄水后，可分配土地资源受限，导致失地问题更加严重，移民生计模式迫切需要扭转，对此我们必须找出该问题的解决方法和路径。

表 3.9　　　　　　　　　　　　移民前后的贫困距及贫困深度

维度	饮用水		土地		房屋质量	
	移民前	移民后	移民前	移民后	移民前	移民后
贫困距	0.6817	0.2008	0.4222	0.8185	0.0002	0.0004
贫困深度	0.4648	0.0403	0.1782	0.6700	0.0000	0.0000

资料来源：笔者根据调查问卷数据计算而得。

3.5 基于人口特征的移民多维贫困致因分析

王金营(2013)[162]指出，地区环境的巨大差异导致我国不同区域的人口致贫原因各有不同。李晓红(2010)[163]认为，人口特征是造成家庭户贫困、富裕程度差异的关键性因素之一。因此，挖掘贫困家庭所具有的典型人口特征，是帮助我们由表及里探索三峡库区多维贫困致贫机理的重要路径。

在贫困家庭的人口特征研究中，石智雷等(2013)[164]发现迁移对不同搬迁时间的库区农户造成的冲击存在很大差别；罗楚亮(2012)[165]认为外出务工以及获取其他工资收入对脱贫的作用在显著增强；Kimberling(2009)[166]认为妇女在家庭中的角色以及承担的家庭责任会影响到家庭生计状况；Cameron(2012)[167]发现在孟加拉国和越南贫困的农村移民家庭中，其成年人的受教育程度偏低，且其生活区域的公共教育状况较差；Costa (2015)[168]认为，不发达国家的贫困主要源自教育、医疗等资源的社会不公平；易红梅(2011)[169]的研究结果表明，近年来我国贫困人口特征与致贫原因正在逐渐改变，因病致贫的比例正在逐渐增高；陈琦(2012)[170]发现，在武陵山区，教育与住房是导致家庭贫困的主要因素。由此可见，收入来源、妇女在家庭中的角色、文化程度以及医疗、教育状况等都会对家庭贫困造成影响。

为了进一步探析当前三峡库区多维贫困的致贫机理，我们以前文基于双界限法测度出的移民贫困剥夺维度为被解释变量，反映移民多维贫困状况。以移民搬迁批次、家庭人力资本状况(劳动力、妇女劳作、教育水平、见识、技能)、家庭支出状况(农业生产、教育、医疗)3 大类 10 个指标为解释变量，基于多元回归分别分析影响全部样本(796 户)和贫困户样本(240 户)贫困状态的因素，从而挖掘库区移民多维贫困致因。详细的变量描述见表 3.10。

表 3.10 变量描述

变量	内容
移民贫困剥夺维度	依据双界线法确定的每一户移民户的多维贫困剥夺维度，最小为 0，最大为 9

续表

变量	内　容
移民搬迁批次	以工程前后三次蓄水时间为搬迁批次划分依据：2003 年及之前搬迁，批次为 1；2004—2006 年搬迁，批次为 2；2007 年及之后搬迁，批次为 3
负担人口比例	家庭中老弱病残人口占比
劳动力占比	家庭中劳动力人口占比
劳动力中女性占比	女性劳动力在家庭劳动力中的占比
劳动力受教育程度	劳动力学历赋值为：文盲 = 0；半文盲 = 3；小学 = 6；初中 = 9；高中、中专 = 12；大专 = 15；本科 = 16；研究生及以上 = 19。受教育程度取其均值
劳动力最远生活足迹	劳动力最远到过的地方：出过乡镇 = 1；出过县城 = 2；出过省域 = 3。最远生活足迹取其均值
劳动力职业技能	个体劳动力职业技能赋值为：务农 = 0；外出务工 = 1；稳定职业收入者 = 2；个体经营户 = 3。家庭劳动力职业技能取其均值
农业生产支出占比	家庭支出构成中用于农业生产的比例
教育支出占比	家庭支出构成中用于教育的比例
医疗支出占比	家庭支出构成中用于医疗的比例

3.5.1　描述性统计结果

表 3.11 展示了各变量详细的描述性统计结果。由统计结果可见：（1）无论移民家庭是否是贫困户，女性劳动力在家庭中都占据重要地位。50% 以上的家庭女性劳动力占总劳动力的一半，25% 以上的家庭劳动力均为女性。（2）三峡移民总体受教育水平不高，且与总体样本相比，贫困移民家庭劳动力的受教育程度偏低。总体移民家庭的劳动力受教育程度均值为 8.16（初中水平赋值为 9），而贫困移民家庭约为 6.70。从分位数表现上来看，贫困户受教育程度也均低于总体水平。（3）移民贫困户的医疗支出要显著高于总体水平。总体样本的医疗支出占比均值为 16.68%，而贫困户为 21.06%，且有 25% 以上的贫困户医疗支出占家庭总支出的 30% 以上。

表 3.11　描述性统计结果

变量	最小值		最大值		均值		标准差		25 百分位数		50 百分位数		75 百分位数	
	all	poor	all	poor	all	poor	all	poor	all	poor	all	poor	all	poor
移民贫困剥夺维度	0	3	7	7	2.07	3.39	1.05	0.717	1	3	2	3	3	4
移民搬迁批次	1	1	3	3	1.45	1.64	0.768	0.847	1	1	1	1	2	2
负担人口比例	0	0	4	3	0.5	0.636	0.433	0.461	0.25	0.333	0.4	0.6	0.67	0.825
劳动力占比	0	0	2	1	0.58	0.531	0.278	0.294	0.4	0.343	0.6	0.5	0.75	0.729
劳动力中女性占比	0	0	4	4	0.63	0.551	0.65	0.642	0	0	0.5	0.5	1	1
劳动力受教育程度	0	0	18	18	8.16	6.695	3.374	3.578	6.13	6	9	7.5	10.25	9
劳动力最远生活足迹	0	0	4	4	0.63	0.55	0.65	0.643	2	1.812	2.5	2.125	3	3
劳动力职业技能	0	0	4	4	2.28	2.063	0.851	1.005	0	0	0.5	0.5	1	1
农业生产支出占比	0	0	0.5	0.4	0.041	0.049	0.072	0.076	0	0	0	0	0.1	0.1
教育支出占比	0	0	0.8	0.8	0.153	0.151	0.176	0.186	0	0	0.1	0	0.3	0.3
医疗支出占比	0	0	0.9	0.8	0.166	0.211	0.170	0.191	0	0.012	0.1	0.2	0.2	0.3

注：all 代表所有样本，共 796 户；poor 代表贫困移民户样本，共 240 户。

资料来源：根据调研数据，采用 SPSS20.0 计算汇总而得。

3.5.2　移民多维贫困致因回归结果分析

由表 3.12 的结果可见，对于贫困户而言：(1)劳动力中女性占比和劳动力平均受教育程度对移民贫困剥夺维度产生显著影响(显著水平 10%)，这说明多维贫困移民的家庭人力资本特征非常明显。女性劳动力在缓解和摆脱贫困中起到了重要作用，总体样本中，劳动力中女性占比越高，其家庭贫困维度越低，甚至摆脱贫困。然而，在库区仍然有很多家庭保留着"男主外、女主内"的传统，女性外出务工不易。贫困家庭中，失地让很多女性处于"半失业"状态，导致家庭劳动力中女性占比越高，贫困维度反而越高。另一方面，库区移民的家庭劳动力平均受教育程度越高，其贫困维度越低。这可能是由于移民受教育程度越高，其所能够进行的生计模式选择和尝试的范围就越广。然而，在前文的描述统计结果中我们也发现三峡库区的教育水平虽然已经有了显著提高，但目前移民整体的受教育程度仍然有限。因此，有限的受教育程度并不足以防范他们在选择和尝试不同生计模式时带来的风险和存在的问题。(2)农业生产支出占比和医疗支出占比均在 10%统计水平对移民贫困剥夺维度产生正向显著影响。移民家庭支出构成清晰地揭示了目前移民多维贫困的致贫机理。农业生产支出占比越高，家庭生计越依赖土地，而本书实证结果表明：从事农业生产活动并不利于移民减贫和脱贫。医疗支出占比高意味着这项支出的持续时间会比较长，移民一旦因病致贫不仅会加深经济贫困，更会显著增加贫困维度，陷入持续性的深度贫困。

表 3.12　　　　　　　　　　　　　贫困致因回归分析结果

移民贫困剥夺维度	系数		S. E.		VIF		t 值		P 值	
	all	poor	all	poor	all	poor	all	poor	all	poor
移民搬迁批次	0.127	−0.057	0.045	0.055	3.26	4.21	3.861	−0.881	0.000	0.379
负担人口比例	0.088	0.078	0.095	0.123	1.65	2.01	2.247	0.989	0.025	0.324
劳动力占比	0.028	0.075	0.138	0.179	1.58	1.87	0.757	1.018	0.449	0.31
劳动力中女性占比	−0.02	0.037	0.057	0.079	2.18	1.98	−0.567	0.522	0.057	0.060
劳动力平均受教育程度	−0.315	−0.204	0.014	0.021	2.38	2.76	−6.854	−1.937	0.000	0.054
劳动力最远生活足迹	0.008	−0.068	0.057	0.077	1.67	1.87	0.183	−0.638	0.855	0.524
劳动力职业技能	−0.02	0.037	0.057	0.079	1.76	1.34	−0.567	0.522	0.571	0.602

移民贫困剥夺维度	系数		S. E.		VIF		t 值		P 值	
	all	poor	all	poor	all	poor	all	poor	all	poor
农业生产支出占比	0.098	0.101	0.48	0.636	2.47	1.79	2.963	1.481	0.003	0.094
教育支出占比	0.097	0.053	0.217	0.289	2.76	2.54	2.667	0.715	0.008	0.476
医疗支出占比	0.171	0.135	0.235	0.292	1.65	1.37	4.488	1.726	0.000	0.086
常数	—	—	0.211	0.028	—	—	10.674	13.204	0.000	0.000
Prob>F	all			0.000		poor			0.047	
R-squared	all			0.485		poor			0.479	
调整的 R-squared	all			0.468		poor			0.455	

注：all 代表所有样本，共 796 户；poor 代表贫困移民户样本，共 240 户。

资料来源：根据调研数据，采用 SPSS20.0 计算汇总而得。

通过比较总体样本与贫困户样本的实证结果后发现：（1）移民搬迁批次在 1%统计水平下对总体移民贫困剥夺维度产生正向显著影响，而对贫困户没有显著影响。这说明在三峡移民搬迁工程的数次搬迁中，搬迁时间越早的移民，贫困剥夺的维度相对越少。这可能是由于较早的移民搬迁使一部分移民更早地转换及适应了新的生计模式。至于陷入贫困的原因，则与搬迁批次无关。（2）教育支出占比在 1%统计水平下对总体移民贫困剥夺维度产生正向显著影响，而对贫困户没有显著影响。教育支出的比例越高，贫困维度增多的可能性越大；但教育支出并不具有很强的持续性，因此不是移民家庭陷入长期贫困的主要原因。

3.6　本章小结

本章首先基于可行能力理论，借鉴前人研究经验并结合实际，构建了多维贫困测度指标体系。然后基于双界线法对库区移民的多维贫困状况进行了测度，并在此基础上通过多元回归分析了库区移民的多维贫困致贫原因。通过上述一系列分析，本书发现：

（1）三峡库区移民贫困问题依然严重。三峡库区移民当前的三维贫困发生率为 30.15%，国家三峡库区移民政策的实施使 531.27 万人摆脱了贫困。研究表明：三峡库区移民多维贫困发生率由 99.5% 下降至 30.15%，实施库区移民政策后，库区 26 区县 766.08 万的乡村人口中的 531.27 万人成功脱贫。移民前七维贫困发生率高达 68.72%，至八维度时才下降至 17.46%（30% 以内），而移民后三维贫困发生率已迅速降至 30.15%。这充分体现了国家三峡库区移民政策在脱贫减贫上发挥的显著作用。但与此同时，当前库区移民贫困问题依然很严重。目前仍有 234.80 万人生活在贫困线之下。

（2）资产贫困、教育贫困和卫生贫困是当前三峡库区移民的三大贫困表现。在资产贫困中失地致贫问题尤为严重，其呈现恶化趋势并严重影响移民生计。研究表明：资产类的土地和电器的贫困贡献率分别为 29.52%、17.71%，土地这一维度的贫困距由移民前的 0.42 上升到了移民后的 0.82，贫困深度由移民前的 0.18 上升到了移民后的 0.67。土地质量的下降以及失地问题的加剧导致移民生计模式被迫扭转，要求我们必须寻找对策帮助移民摆脱无地又无工作的窘境。教育的贫困贡献率为 17.96%，而卫生、饮用水的贫困贡献率分别为 11.69%、12.42%。移民后在存在多维贫困的贫困人口中，分别有 60.83%、39.58% 和 42.08% 的移民依旧面临教育、卫生和饮用水的贫困。

（3）三峡库区移民的社会保障覆盖率仍待提高。研究结果显示，移民前三峡库区社会保障率非常低，但移民后贫困人口中仅有 9.17% 和 19.58% 的移民还未拥有农村合作医疗保险和农村社会养老保险，移民政策的实施使得当地社会保障比率显著提高。当前移民参与商业保险比率非常低，农村医疗保险与农村社会保险是移民参与社会保障的主要方式。

（4）三峡库区移民的贫困剥夺程度与劳动力中女性占比、劳动力平均受教育程度、农业生产支出占比、医疗支出占比显著相关。研究结果显示，家庭劳动力中女性占比、劳动力受教育程度以及家庭支出结构中农业生产支出占比与医疗支出占比都对移民平均贫困剥夺维度产生显著影响。劳动力平均受教育程度越低、农业生产支出占比和医疗支出占比越高，都会导致和加剧移民多维贫困。然而劳动力中女性占比越高，总体移民家庭减贫甚至脱贫速度越快。显著的人口特征，具有较强的贫困指向性，有助于我们识别和拔掉"穷根"，有针对性地开展精准扶贫和精准脱贫工作。

第4章 三峡库区贫困与生态环境的宏观测度及脱钩分析

上一章，通过对三峡库区移民贫困的微观测度，我们发现卫生贫困是当前移民贫困的三大贫困表现之一，42.08%和39.58%的贫困移民在饮用水和卫生设施上还未达到脱贫标准，19.19%的移民在土地上反而返贫，30.31%的移民家中耕地坡度较陡(16度≤坡度≤25度)，容易遭受水土流失和山体滑坡的威胁。这说明在微观层面移民的贫困在生态环境上有着相应的表现，当前三峡库区的贫困问题已和生态环境问题交织，库区对生态减贫的需求十分迫切。本章将继续沿着这一研究路径，将生态环境因素作为贫困的构成内容，从宏观角度测度三峡库区绿色减贫压力，并分析库区贫困与生态环境之间的耦合协调关系。在当前精准扶贫的方略下，"生态补偿脱贫一批"是精准扶贫的重点内容。长江流域是我国主要的生态调控区域之一，库区是兼具生态保护与扶贫攻坚双重任务的核心区域。以生态减贫的视角去寻求解决库区贫困问题的突破口是缓解库区绿色减贫压力、降低库区生态风险的有效方法。

4.1 基于 DSR 模型的指标体系构建与指数测算

4.1.1 三峡库区减贫指数指标体系的构建

1. 基本指标的选择

本书构建库区综合减贫指数指标体系是基于驱动力-状态-响应(DSR)模型这一概念框架，强调社会经济运作及其与环境影响之间的互动关系，以经济发展、社会发展与环境压力作为驱动力指标，环境与气候变化作为状态指标，经济社会生态的调整作为响应指标，参照相关学者研究经验并进行一定改良（邵田[89]；谈迎新[91]；庞雅颂[93]；刘雷[96]），构建了本书的初步指标体系（详见表 4.1）。

表 4.1　　　　　　　　库区综合减贫指数初步的指标体系构建

驱动力 （D）	经济发展指标	地区生产总值、农林牧副渔总产值、粮食产量、畜肉类产量、农作物播种面积、财政收入
	社会发展指标	全社会固定资产投资、农业投资、乡村人口就业率、人口自然增长率、农村用电量、城市化率
	生态压力指标	农药使用量、化肥施用量、农膜使用量、生活垃圾散排量/生活垃圾产生量
状态 （S）	环境及气候变化指标	平均温度、蒸发量/降雨量、相对湿度、平均风速、日照时数、雾日数、雷暴日数、平均高程、平均坡度、25 度以上面积、平均地形粗糙度
响应 （R）	经济社会生态调整表征指标	第一产业产值占比、第二产业产值占比、第三产业产值占比、卫生机构床位数、中小学在校人数、植被覆盖指数（NDVI）、植被初净级生产力（NPP）

资料来源：笔者根据相关文献和本书的研究目标构建而得。

2. 最终指标的确定

本书选择农民人均纯收入与农民人均生活费支出作为贫困的表征指标。收入贫困线一直以来是我国贫困划分的主要标准，2011 年我国确定的农村贫困标准为农民年人均纯收入 2300 元（2010 年不变价），2019 年时更新为 3218 元。《十三五规划纲要》按照这一标准估算，提出 2020 年前我国要实现 5000 多万人口的脱贫。人均收入和消费两个指标是目前我国用于判断一个农户是否贫困的主要标准[171]，所以本书选择农民人均纯收入和农民人均生活费支出互相对照作为判断各指标减贫或致贫的依据。

本书选择 Pearson 检验判断根据 DSR 模型所构建的指标体系与人口贫困表征指标之间的相关性。一是为了厘清影响库区贫困程度的主要因素；二是为了保证后续 BP 神经网络训练的准确性。

表 4.2 为最终选择指标的 Pearson 分析结果。为了保证 Pearson 分析的准确性，在相关性检验之前，需先统一各指标的不同量级，本书采用极差标准化方法对指标进行归一化处理，见公式(4.1)：

$$X' = (X_i - X_{\min})/(X_{\max} - X_{\min}) \tag{4.1}$$

由表 4.2 的 Pearson 分析结果可以看出，经济因素 X_1 至 X_9 与农民人均纯收入呈现或正或负的相关性，其中地区生产总值(X_1)、第二产业产值占比(X_3)、第三产业产值占比(X_4)、财政收入(X_8)分别与农民人均纯收入、农民人均生活费支出呈现显著正相关，说明这些因素均具有减贫特征。世界银行指出，中国的扶贫效果显著，主要得益于我国迅猛的经济发展速度[172]。然而第一、二、三产业的减贫速度是存在差异的，第一产业的减贫速度要稍慢于第二、三产业[173]。在表 4.2 的相关性分析结果中，农业相关指标与农民人均纯收入和农民人均生活费支出呈负相关的关系，这是因为非绿色的农业生产模式，在三峡库区耕地少、土质差、沟壑纵横、灾害频发的环境下，是非常不利于库区减贫的[174~175]。因此以农业的减贫效率和库区非绿色的生产方式为划分标准，本书将 X_2、X_5、X_6、X_7 划分为经济减贫抵减因素，表明经济增长减贫过程中的负效应。

表 4.2　　　　　　　　　　**最终选择指标的 Pearson 分析结果**

经济因素	地区生产总值 (X_1)	第一产业产值占比 (X_2)	第二产业产值占比 (X_3)	第三产业产值占比 (X_4)	粮食产量 (X_5)	畜肉类产量 (X_6)	农作物播种面积 (X_7)	财政收入 (X_8)	农林牧副渔产值 (X_9)
Y_1	0.067 **	−0.701 **	0.472 **	0.11 *	−0.281 **	−0.321 **	−0.383 **	0.717 **	0.329 *
Y_2	0.106 **	−0.305 *	0.682 *	0.408 **	−0.106 *	−0.156 *	−0.236 *	0.318 *	−0.092
社会因素	全社会固定资产投资(X_{10})	农业投资 (X_{11})	卫生机构床位数 (X_{12})	城市化水平 (X_{13})	乡村就业人数 (X_{14})	农村用电量 (X_{15})	人口自然增长率 (X_{16})	中小学在校人数 (X_{17})	
Y_1	0.769 **	0.117 **	0.548 **	0.686 **	0.307 **	0.248 ***	−0.012 *	−0.127 **	
Y_2	0.622 ***	0.302 *	0.402 *	0.752 **	0.209	0.116 **	−0.006 *	−0.206 *	

续表

自然生态因素	农药使用量 (X_{18})	化肥施用量 (X_{19})	农膜使用量 (X_{20})	生活垃圾散排率 (X_{21})	蒸发量/降雨量 (X_{22})	植被覆盖指数 NDVI (X_{23})	雷暴日数 (X_{24})	平均风速 (X_{25})	日照时数 (X_{26})
Y_1	-0.271**	-0.141*	-0.317*	-0.606**	-0.12	0.579**	-0.179*	-0.213**	-0.454**
Y_2	-0.0152*	-0.203*	-0.193*	-0.201*	-0.071	0.346*	-0.163*	-0.106	-0.268*

自然生态因素	雾日数 (X_{27})	平均高程 (X_{28})	平均坡度 (X_{29})	25度以上面积 (X_{30})	平均地形粗糙度 (X_{31})	植被初净值生产力 (X_{32})	平均温度 (X_{33})	相对湿度 (X_{34})	
Y_1	-0.21	-0.629**	-0.631**	-0.537**	-0.615**	0.206	0.062	0.085	
Y_2	-0.131	-0.332	-0.245*	-0.217*	-0.332*	-0.338	-0.106	-0.207	

注：Y_1 为农民人均纯收入，Y_2 为农民人均生活费支出。表中数值为相关系数，＊表示相关系数的显著性水平为 0.1；＊＊表示相关系数的显著性水平为 0.05；＊＊＊表示相关系数的显著性水平为 0.01。农林牧副渔产值、平均温度、相对湿度、植被初净值生产力由于在与 Y_1 和 Y_2 的相关性检验中影响方向不一致，予以剔除。

资料来源：笔者采用相关年鉴及公告数据，通过 SPSS20.0 计算而得。

社会因素 X_{10} 到 X_{15} 涵盖了社会投资、卫生医疗、农村发展、就业、基础设施建设等范围，均与农民人均纯收入、农民人均生活费支出呈显著正相关的关系，这也说明社会的发展有利于促进减贫。但 X_{16}、X_{17} 与贫困表征指标均呈负相关的关系，也说明在社会发展中，人口增长带来的无论是少儿扶养比提高还是老年抚养比提高，对经济增长都是不利的[176]。同时，在扶贫开发的过程中，因学致贫的问题也越来越受到重视。因此，本书将 X_{16}、X_{17} 划分为社会减贫抵减因素，表明社会发展减贫过程中的负效应。

自然生态因素 X_{18} 到 X_{31} 基本都与农民人均纯收入、农民人均生活费支出呈显著负相关的关系，这也说明生产生活污染的增加、气候的变化、地质条件的恶化都会增加贫困发生的可能。需要特别说明的是植被覆盖指数分别与农民人均纯收入、农民人均生活费支出呈显著的正相关关系，这并没有与我们自然生态致贫的假设相违背，正说明了植被覆盖指数高，农民人均纯收入及生活费支出就高，侧面印证了生态的恶化会加剧贫困的程度。我们将自然生态因素进一步划分，以区分生产生活污染的影响(人为生态破坏)和气候地质的影响(自然环境恶化),具体划分见表4.3。

结合相关性分析结果,最终我们将经济、社会、生态环境三大类因素细分为如表4.3所示的六类指标。这六类指标将通过采用 BP 神经网络计算出各减贫、致贫指数,以进行库区综合减贫指数、生态致贫指数计算和脱钩分析。

表4.3 **BP 最终指标的分类**

影响因素	指 标
经济减贫因素	地区生产总值、第二产业产值占比、第三产业产值占比、财政收入
经济减贫抵减因素	第一产业产值占比、粮食产量、畜肉类产量、农作物播种面积
社会减贫因素	全社会固定资产投资、农业投资、卫生机构床位数、城市化水平、乡村就业人数、农村用电量
社会减贫抵减因素	人口自然增长率、中小学在校人数
生产生活污染致贫因素	农药使用量、化肥施用量、农膜使用量、生活垃圾散排率、植被覆盖指数(NDVI)
地质及气候致贫因素	蒸发量/降雨量、平均风速、日照时数、雾日数、雷暴日数、平均高程、平均坡度、25 度以上面积、平均地形粗糙度

资料来源:笔者经初选指标的 Pearson 检验结果筛选确定。

注:为统一表征方向,后文的 BP 预测中,植被覆盖指数调整为1/植被覆盖指数。

4.1.2 数据来源与研究方法

1. 研究区域范围与数据来源

三峡库区经济及社会数据来源于三峡库区共计 26 个县市的统计年鉴,生态及气候数据来自三峡公报和美国航天航空局哥达尔太空飞行中心数据库,地理信息数据来自 SRTM 国际科学数据镜像服务系统。除剔除数据不全的 4 个县(开县、巫溪、石柱、武隆)外,由于本书研究区域以农村地区为主,而渝中区的城市化水平多年来为100%,不符合本书研究范围,数据不具有可用性,也予以剔除。因此本书使用三峡库区 21 个县区 2007—2013 年共计 7 年的数据。图 4.1 显示三峡库区共涵盖 26 个区县,灰色部分为本书进行数据筛选之后选择的研究区域,共计 21 个区县。

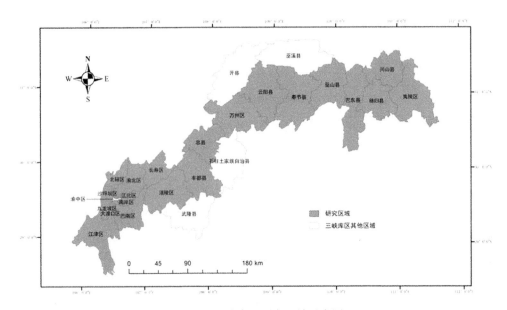

图 4.1 三峡库区研究区域示意图

2. 研究方法

本章对区域贫困问题的研究采用以下研究方法:

(1) BP 神经网络。该方法能够解决求解非线性连续函数的多层前馈神经网络权重调整问题,其较强的非线性映射能力能够以任意精度逼近任何非线性连续函数,使它特别适合于求解内部机制复杂的问题。本书以基于DSR模型提出的各类指标作为输入样本,使其在模型中被反复学习,进而修正权重,最后输出综合减贫指数。

(2) 脱钩分析。本书借鉴脱钩分析,以 BP 神经网络预测出的结果来研究三峡库区贫困与生态环境之间的相互关系。

(3) 空间自相关分析。Morans' I 指数是空间自相关分析中较为常见的一种方法,用于检验空间邻接的区域单元属性是否存在空间自相关性。本书运用 Morans' I 指数分析库区综合减贫指数的空间自相关性。

(4) GIS(地理信息系统)。本书以 BP 神经网络预测得出的综合减贫指数为输入，利用 GIS 绘制出三峡库区绿色减贫压力的时空分布图。

4.1.3　三峡库区综合减贫指数的测算

1. 指数的说明

本书分别以表 4.3 中的六大类指标作为输入层神经元，以经济减贫指数、经济减贫抵减指数、社会减贫指数、社会减贫抵减指数、生产生活污染致贫指数以及地质及气候致贫指数分别作为输出层神经元。这六个指数的隐藏神经元分别为 4 个、4 个、6 个、2 个、5 个和 9 个。最终分别构建 4×4×1，4×4×1，6×6×1，2×2×1，5×5×1 和 9×12×1 的网络拓扑结构。

2. BP 神经网络的构建与模拟

BP 神经网络最终学习成果与训练样本有着非常紧密的联系，因此确定合理的训练等级尤为关键。结合各指标数据的分布特征和值域，本书采用非等间距的自然断点法对指标进行分类。最终，将减贫（致贫）指数分为 5 级：1 到 5 表示减贫（致贫）程度由低到高。

依据表 4.4 的指标聚类分级结果，首先我们利用 MATLAB 进行三次样条插值，得到训练样本。然后利用样本训练神经网络。接着在参数设定上，隐层神经元、输出层神经元分别选取曲正切函数 tansig 和 purelin 型传递函数，而训练函数则选取 traingdx 函数。设定网络训练的基本参数：学习速率为 0.5，最大训练次数为 10000，最大误差为 10^{-5}。最后，网络训练好后，投入实际样本值进行 BP 神经网络模拟分析，得出各指数模拟结果。

表 4.4　　　　　　　　　　各指标聚类分级结果

指数	预测指标	1	2	3	4	5
经济减贫指数	地区生产总值（单位：万元）	866900	2463200	4243600	6232700	8497600
	第二产业产值占比	0.2403	0.3788	0.5291	0.632	0.8085
	第三产业产值占比	0.1925	0.3202	0.4106	0.5345	0.6646
	财政收入（单位：万元）	66500	270000	542900	750900	1129100

续表

指数	预测指标	1	2	3	4	5
经济减贫抵减指数	第一产业产值占比	0.3372	0.2396	0.1624	0.077	0.0155
	粮食产量(单位：吨)	659380	460360	376500	188230	28240
	畜肉类产量(单位：吨)	99350	76106	56432	31865	4788
	农作物播种面积(单位：千公顷)	170.53	137.57	92.31	42.32	7.82
社会减贫指数	全社会固定资产投资(单位：万元)	595300	1720600	3423800	4789400	6494300
	农业投资(单位：万元)	31600	155570	372230	692510	782570
	卫生机构床位数(单位：张)	1023	2795	4742	7259	9799
	城市化水平(%)	29.09	42.38	60.3	79	96.15
	乡村就业人数(单位：万人)	5.49	19.93	37.82	54.25	77.39
	农村用电量(单位：度)	10637	8035	6051	3505	1035
社会减贫抵减指数	人口自然增长率(%)	8.2	5.8	3.6	1.1	0.21
	中小学在校人数(单位：人)	130354	85265	53284	10651	5521
生产生活污染致贫指数	农药使用量(单位：吨)	148	669	1191	1901	2341
	化肥施用量(单位：吨)	4748	20226	35871	51732	68818
	农膜使用量(单位：吨)	589	873	1374	2298	3620
	生活垃圾散率	0.02	0.13	0.2	0.34	0.51
	植被覆盖指数(NDVI)	0.51246	0.588614	0.667151	0.736267	0.812871
地质及气候致贫指数	平均高程(单位：米)	269.16	458.17	641.68	829.55	1111.31
	平均坡度(单位：度)	6.22	10.89	15.4	19.78	23.93
	25度以上面积比重(%)	0.557	9.25	20.71	44.85	31.62
	平均地形粗糙度(单位：μm)	1.0107	1.0355	1.0644	1.0906	1.1228
	蒸发量/降雨量(%)	77.43	99.11	127.02	160.05	196.31
	相对湿度(%)	62	67	73	80	86
	平均风速(单位：米/秒)	0.6	0.8	1.2	1.4	1.8
	日照时数(单位：小时)	759.4	988.5	1220.3	1509.8	1881.8
	雾日数(单位：天)	6	24	44	61	82
	雷暴日数(单位：天)	19	25	31	41	47

数据来源：笔者基于各指标数据采用 SPSS20.0 软件，通过非等间距的自然断点法计算而得。

3. 库区减贫指数的推导与测算

本书根据 BP 神经网络计算出经济减贫指数(EPRI)、经济减贫抵减指数(EDPRI)、社会减贫指数(SPRI)、社会减贫抵减指数(SDPRI)、生产生活污染致贫指数(PLPI)和地质及气候致贫指数(GCPI),并依据公式(4.2)得出库区综合减贫指数:

$$MPRI = (EPRI - 0.2 \times EDPRI) + (SPRI - 0.2 \times SDPRI) - EPI$$
$$= (EPRI - 0.2 \times EDPRI) + (SPRI - 0.2 \times SDPRI) \qquad (4.2)$$
$$- (0.5 \times PLPI + 0.5 \times GCPI)$$

需要说明的是,上文分析虽指出了经济及社会减贫抵减因素的存在,但是不能否认农业经济发展和人口增长、教育普及对于减贫的作用,这些因素并不会完全地抵消掉减贫因素给经济社会发展带来的正向作用,因此参考汪三贵(2008)[173]、杜凤莲(2009)[178]等的研究结论,本书设置抵减系数为 0.2,以表征这类因素的负向效应。生态致贫指数包括生产生活污染致贫指数和地质及气候致贫指数,本书认为两者影响是同等重要的。因此,本书对上式做了等权处理,以构建生态致贫指数(EPI)。

4.2 三峡库区绿色减贫压力的时空分异

4.2.1 库区绿色减贫压力的时间维度分异

2011—2017 年 21 个区县综合减贫指数的变化情况如表 4.5 和图 4.2 所示。由于综合减贫指数由减贫指数和致贫指数共同构建,该指数越大,则代表社会经济发展的正向减贫效应大于自然生态环境破坏造成的负向效应的部分越多。也就是说,综合减贫指数越大,则该区域的绿色减贫压力越小。总体而言,三峡库区的综合减贫指数是上升的。2011 年综合减贫指数超过 2 以上的区县有 10 个,占总样本的 47.6%。2014 年时这类区县数量达到 15 个,占总样本的 71.4%。而到了 2016 年,90% 的样本区县的综合减贫指数都达到了 2 以上。可以很明显看到样本均值呈现上升的趋势，从 2011 年的 2.0838 一路上升至 2016 年的 4.1123，2017 年下降至 3.7451，这说明三峡库区绿色减贫整体压力在减小。

表 4.5　　　　　　　　　2011—2017 年三峡库区综合减贫指数

库区	区县	2011 年	2012 年	2013 年	2014 年	2015 年	2016 年	2017 年
库首	夷陵区	3.4862	3.7593	3.6854	3.1533	4.5693	4.7489	5.6302
	兴山县	2.7194	3.5899	3.6285	3.6687	2.8917	3.1412	4.3892
	秭归县	1.4010	2.6934	3.3176	3.1848	4.0740	3.8317	4.4637
	巴东县	0.0698	1.4068	0.0516	1.2417	2.2550	2.0125	2.0922
库中	涪陵区	1.5011	0.8214	0.7308	1.4197	2.9901	3.3506	1.5973
	万州区	0.5528	2.1226	1.3542	2.3781	4.5587	3.8340	4.6526
	丰都县	0.0432	2.0869	1.1166	2.1506	2.8995	3.3394	2.4976
	忠县	0.0460	1.9173	1.6422	0.8265	2.8583	2.4076	2.7089
	云阳县	0.7202	1.6739	2.0984	0.9792	1.9717	2.5816	2.6699
	奉节县	1.4894	1.4054	1.1639	0.4889	1.9638	1.5784	1.7956
	巫山县	0.2817	0.9877	0.9975	1.0440	2.3583	1.9202	1.6183
库尾	大渡口区	3.5355	4.4083	5.1107	4.7423	4.2122	5.0908	3.7547
	江北区	4.2244	5.0332	5.5773	5.1689	4.2802	5.0417	3.8529
	沙坪坝区	4.4515	5.3839	6.1424	5.9433	5.6980	6.5847	4.9938
	九龙坡区	4.4044	5.2944	5.8476	5.4342	4.8526	5.9894	4.6156
	南岸区	4.0250	4.8329	5.3301	4.9791	4.1399	5.0574	3.7047
	北碚区	3.6066	4.4046	5.3460	5.3040	5.2314	6.2788	5.3080
	渝北区	1.7718	4.3786	5.6722	5.5362	4.8214	5.7496	5.3244
	巴南区	3.1066	3.8100	4.6180	5.2436	4.9565	5.4223	4.6565
	长寿区	2.2721	3.4572	2.9588	2.6903	4.2318	4.6197	4.6226
	江津区	0.5504	1.8664	2.4744	2.9808	3.8231	3.7769	3.6982
	库首均值	1.9191	2.8624	2.6450	2.8121	3.4475	3.4336	4.1438
	库中均值	0.5906	1.5736	1.3005	1.3267	2.8001	2.7160	2.5057
	库尾均值	3.1948	4.2869	4.9077	4.8023	4.6247	5.3611	4.4531
	总体均值	2.0838	3.1111	3.2743	3.2647	3.7923	4.1123	3.7451

资料来源：库区各区县综合减贫指数为 BP 神经网络预测数据经公式计算而得。

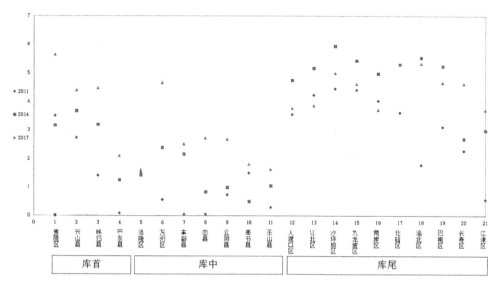

图 4.2 综合减贫指数散点图

库首地区的综合减贫指数在波动中逐渐上升，但巴东县的综合减贫指数与其他地区相比存在较明显的差异。由表4.5可知，2011年时巴东县的综合减贫指数仅有0.0698，直到2017年，也仅为2.0922，这甚至不及夷陵区、兴山县等地2011年的水平。因此，必须重视巴东县的绿色减贫压力。

库中地区综合减贫指数较低，说明绿色减贫压力在库中地区聚集。从表4.5中可以看出，库中均值一直都远低于库区其他区域，以2017年为例，库中均值为2.5057，而库首均值是其1.65倍，为4.1438，库尾均值是其1.78倍，为4.4531。从指数排序上来看，库尾>库首>库中。库中地区地质条件差，生态压力大，相对经济发展落后，综合影响下造成了库中的贫困集聚。

库尾地区存在一定程度的贫困恶化。库尾10个区中有7个区的综合减贫指数在2011年至2017年间先上升后下降（见表4.5），说明近些年来库尾地区，特别是重庆主城区综合发展倒退，综合贫困状况在一定程度上恶化，这可能是城区生态破坏导致的。

4.2.2　库区绿色减贫压力的空间维度分异

1. 三峡库区综合减贫指数的空间自相关分析

初步了解了三峡库区综合减贫指数的变化趋势后，我们采用 Moran's I 指数更进一步分析三峡库区综合减贫指数的空间分布特征。本书根据行标准化的空间相邻矩阵计算 Moran's I 值，具体结果见表 4.6。

根据表 4.6 的结果，我们发现三峡库区 2011—2017 年综合减贫指数均表现出高度的空间自相关性，P 值均通过了 1% 的显著性水平。各年度 Moran's I 值均为正值，表明各区县的综合减贫指数在空间上存在"高高"聚集或"低低"聚集。在 2011—2017 年 7 年间，库区的 Moran's I 指数基本上在不断增大，这说明库区贫困的空间自相关性在不断增强，本地的贫困发生会影响到附近区域的贫困发生。而 2015 年 Moran's I 指数的突然下降，可能是因为 2015 年库区部分地区春夏之际梅雨季增长，与六七月的台风影响叠加，长江中下游地区降雨增多，加之库区自然环境相对脆弱，山洪、滑坡等地质灾害频发。自然环境压力增大使部分地区经济发展受损，因而库区贫困的空间自相关性在这一年略有下降。

表 4.6　　　　　　　　三峡库区综合减贫指数的 **Moran's I 值**

年份	2011	2012	2013	2014	2015	2016	2017
Moran's I 值	0.5481	0.6295	0.6998	0.7565	0.5412	0.7561	0.7682
P 值	0.0006	0.0001	0.0002	0.0000	0.0003	0.0000	0.0023

资料来源：经 GeoDa 软件分析汇总而得。

2. 基于 GIS 的三峡库区绿色减贫压力的区域时空分布分析

本书通过将综合减贫指数输入 ArcGIS 软件，采用自然断点法来分析三峡库区绿色减贫压力的分布特征。综合减贫指数越高，该区域绿色减贫压力越小；反之，综合减贫指数越低，该区域绿色减贫压力越大。

从图 4.3 至图 4.6 可以看出库区的绿色减贫压力空间分布具有如下特点：

从时序上看,三峡库区总体的绿色减贫压力在降低,但仍有部分区县的贫困状态未能缓解或正在恶化。在库区 21 个区县中有 19 个综合减贫指数在变大(综合减贫指数越大,绿色减贫压力越小)。2011—2017 年,绿色减贫压力较大的区域范围在减小,而绿色减贫压力较小的区域范围在不断扩大。绿色减贫压力较大的区县由 2011 年的 7 个减少到了 2017 年的 6 个,而绿色减贫压力较小的区县由 2011 年的 8 个上升到了 2017 年的 11 个,也就是说有更多原来绿色减贫压力适中的区县在向好发展。但是,巴东、巫山、云阳、忠县 7 年来基本上一直处于绿色减贫压力较大的状态,而奉节县、涪陵区和重庆主城区中的南岸区、江北区和九龙坡甚至产生了贫困恶化。

从空间上看,三峡库区"发展分散、贫困集聚",库中减贫压力大。具体而言,库首地区在不断向好发展,库尾地区略有波动,库中地区减贫压力集聚。库中地区的巴东、巫山、奉节、云阳以连片贫困形式出现,7 个区县中有 6 个区县为绿色减贫压力较大区域,数量占库中地区的 85.7%。集中连片贫困区域的出现说明三峡库区经济发展出现了区域陷落,阻碍了经济发展的区域带动效应。这种"发展分散、贫困集聚"的局面要求我们必须打破区县边界壁垒,集中优势资源,以解决贫困集中连片的难题。

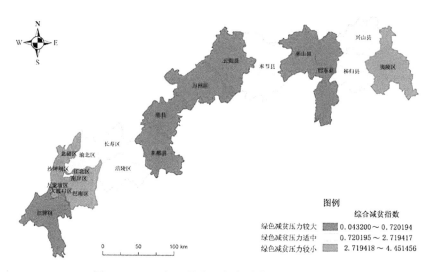

图 4.3 2011 年三峡库区绿色减贫压力空间分布

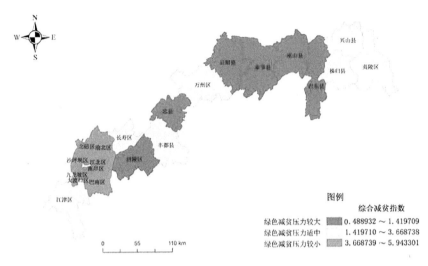

图 4.4　2014 年三峡库区绿色减贫压力空间分布

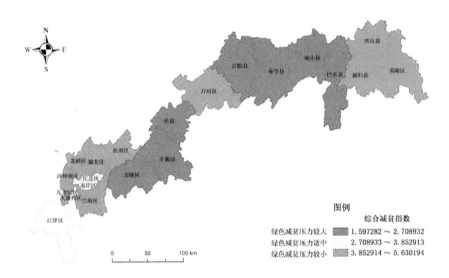

图 4.5　2017 年三峡库区绿色减贫压力空间分布

4.3　三峡库区贫困与生态环境的脱钩分析

　　脱钩(decoupling)指的是经济发展过程中，物质消耗、环境压力与经济发展的耦合关系发生破裂的现象。由前文的分析不难看出，库区的贫困与生态环境息息相关,我们可以借脱钩的内涵概念,来分析库区贫困与生态环境互动关系中贫困"减少"与生态环境的"压力"之间的基本关系。只有贫困治理和生态基础同时存在相互演进趋势时,特别是生态基础趋势向好与贫困减少同时进行时,减贫才是可持续的。生态减贫只有是稳定的,才是高效的。

4.3.1　脱钩指数的界定

上节通过 BP 神经网络预测获得了综合减贫指数(见表4.5),在此基础上我们根据预测结果还可获得生态致贫指数(0.5×生产生活污染致贫指数+0.5×地质及气候致贫指数)。在对王崇梅(2010)[99]提出的脱钩指数进行改进后,可得到适用于本书的脱钩指数,见公式(4.3)。

$$DI = \frac{EN}{PA} \tag{4.3}$$

其中 EN 为生态致贫指数增长率,PA 为综合减贫指数增长率。

本书对脱钩指数的解读参照 OECD 的标准,也就是,绝对脱钩指数接近 0,相对脱钩指数接近 1。具体而言,当 DI≥1 时,说明自然生态指数的增速等于或超过经济指数增速,称为挂钩。其中,PA 为正,为扩张挂钩;PA 为负,为衰退挂钩。0<DI<1 时,说明自然生态指数增速逊于经济增速,称为相对脱钩。其中,PA 为正,为扩张相对脱钩;PA 为负,为衰退相对脱钩。当 DI−0 时,说明自然生态指数不变,经济增速依旧能保持。DI<0 时,如果 EN 为正而 PA 为负,称为强复钩;反之,则称为强脱钩。

4.3.2　三峡库区脱钩指数结果分析

三峡库区各区县的脱钩指数展现了三峡库区各区县生态环境与贫困之间的相对发展关系。整体而言,当前库区贫困与生态环境的耦合关系并不理想,贫困减少的过程中所付出的生态环境代价过高。由表4.7可知,三峡库区目前以扩张挂钩发展为主,库区环境脆弱,资源环境承载力恐难负荷。76%的区县 2013 年呈现挂钩以及强复钩状态,也就是说目前库区的贫困减少是以透支自然生态环境为代价的。在既要减贫又要修复生态环境的双重压力之下,库区的资源生态环境承载力可能并不能完全满足当前库区人口的社会经济发展需求,因而催生了更多不利于减贫的因素,导致了当前的库区减贫陷入困境,即推动减贫就会对当地资源环境承载力造成更大的压力，而修复生态环境则可能会放缓减贫速度。这种情况下库区应积极推进生态减贫，放缓城镇化的扩张速度，库区的减贫要将生态利益放在首位，以保障地区资源环境承载力的可持续性为优先。

此外，库区内部脱钩指数的差异比较大，具体表现为：（1）库首区域内部呈现两极化发展态势。夷陵区和秭归县实现绝对脱钩，兴山县维持不变，而巴东县则是由绝对脱钩转为扩张挂钩，环境不断恶化的同时经济倒退。（2）库中的万州区、忠县、奉节县实现了脱钩，其他 4 个区县均呈现扩张挂钩状态。万州的绝对脱钩意味着其能够实现生态修复与减贫的双赢。而忠县、奉节有继续向好发展的趋势。总体而言，库中大部分区县显现出不变或好转的趋势，反映了区域生态环境总体正在向好。（3）库尾沙坪坝区、九龙坡区为强复钩状态，其他 8 区均为挂钩状态。2014 年，大渡口区、江北区、南岸区曾出现过强复钩，这意味着主城区出现了"生态—贫困恶性循环"，当前经济发展是贫困减少的主要原因，但经济的发展意味着投入的资源增多，由此产生的资源缺口又会导致资源环境承载的负担越来越重。而生态环境日益恶化，需要投入更多的环保资金，这又会导致地区经济收入减少的同时资源供给量也不足，进而又会抑制经济发展和人民生活质量的提升。因此仅以经济增长为目标的发展模式是不利于实现可持续脱贫的。

表 4.7　　　　　　　　　　　　三峡库区各区县脱钩指数

库区	区县	2012 年	2014 年	2017 年	状态	趋势
库首	夷陵区	0.9588	16.7744	-0.6632	扩张相对脱钩-扩张挂钩-绝对脱钩	好转
	兴山县	43.3160	30.4746	3.6613	扩张挂钩-衰退挂钩-扩张挂钩	不变
	秭归县	0.9001	17.3857	-6.9828	扩张相对脱钩-扩张挂钩-绝对脱钩	好转
	巴东县	0.7688	-1.4899	4.4012	扩张相对脱钩-绝对脱钩-扩张挂钩	好转后恶化
库中	涪陵区	9.4008	-2.6838	18.4936	扩张挂钩-绝对脱钩-扩张挂钩	好转后恶化
	万州区	1.1383	-1.2536	-0.3521	扩张挂钩-绝对脱钩-绝对脱钩	好转
	丰都县	3.9120	-2.4305	19.2586	扩张挂钩-绝对脱钩-扩张挂钩	好转后恶化
	忠县	2.4793	8.1269	0.0308	扩张挂钩-扩张挂钩-扩张相对脱钩	好转
	云阳县	5.5085	36.8950	2.5454	扩张挂钩-扩张挂钩-扩张挂钩	不变
	奉节县	4.8177	5.4636	0.1925	扩张挂钩-扩张挂钩-扩张相对脱钩	好转
	巫山县	1.2685	8.7575	6.3524	扩张挂钩-扩张挂钩-扩张挂钩	不变

续表

库区	区县	2012 年	2014 年	2017 年	状态	趋势
库尾	大渡口区	25.0979	−31.4276	3.1930	扩张挂钩-强复钩-扩张挂钩	恶化后好转
	江北区	55.4156	−27.8744	6.7917	衰退挂钩-强复钩-扩张挂钩	恶化后好转
	沙坪坝区	19.6998	54.2610	−6.8775	扩张挂钩-扩张挂钩-强复钩	恶化
	九龙坡区	70.0288	−26.2266	−2.1474	扩张挂钩-强复钩-强复钩	恶化
	南岸区	30.2974	−25.2302	4.5636	衰退挂钩-强复钩-扩张挂钩	恶化后好转
	北碚区	21.6729	12.8121	5.1926	衰退挂钩-扩张挂钩-扩张挂钩	不变
	渝北区	178.7766	27.2024	16.4758	衰退挂钩-扩张挂钩-扩张挂钩	不变
	巴南区	1.3429	−7.3479	29.2198	扩张挂钩-绝对脱钩-扩张挂钩	好转后恶化
	长寿区	7.5658	4.6476	4.4085	衰退挂钩-扩张挂钩-扩张挂钩	不变
	江津区	0.8644	1.2229	3.5136	扩张相对脱钩-扩张挂钩-扩张挂钩	恶化

资料来源：库区各区县脱钩指数为 BP 神经网络预测数据经脱钩指数公式计算而得。

4.4 本章小结

本章从生态减贫视角，基于 DSR 模型构建三峡库区综合减贫指数的测度指标体系。在测度的基础上，以 GIS 和空间自相关性分析为手段分析了库区绿色减贫压力的时空演变，结合改进的脱钩指数分析了库区贫困与生态环境之间的关系，结果显示：

(1)三峡库区扶贫取得了显著的成果，但当地资源环境承载力的不足导致减贫的生态环境代价较高。整体而言，2011 年至 2017 年期间，三峡库区扶贫压力在不断减轻，但脱钩分析显示76%的区县的贫困减少支付了较高的生态代价。库区 21 个区县中有 13 个区县的综合减贫指数在增大，其均值从 2011 年的 2.0838 一路上升至 2016 年的 4.1123，2017 年下降至 3.7451。目前三峡库区各区县自然生态环境与贫困减少之间大体呈现"扩张挂钩"趋势，也就是库区正以牺牲自然生态环境为代价进行着贫困治理的工作。三峡库区的资源环境承载力本就负担过重，非绿色的减贫方式给当地造成了更大的资源环境压力。

(2)库首地区的综合减贫指数东高西低，呈现两极分化趋势。夷陵区与秭归县生态环境不断好转，社会经济持续增长，目前两区县已经实现绝对脱钩，实现了生态环境好转与贫困减少的双赢，同时绿色减贫压力较小。而巴东县的生态破坏速度超过贫困减缓的速度，绿色减贫压力也较大，7年来综合减贫指数最大值也仅为2.2550，远低于库首地区均值，与库中部分区县一起形成集中连片贫困区。因此库首地区呈现出两极分化的表现，特别是巴东县情况急待改善。

(3)库中地区贫困"塌陷"，库区形成"发展分散，贫困集聚"的局面。从综合减贫指数上看，7年间一直呈现出库尾>库首>库中的态势。2017年库尾综合减贫指数约为库中的1.78倍，库首约为库中的1.65倍。从区域上看，库中是三峡库区减贫发展中"塌陷"的一块区域，71.4%的区县位于绿色减贫压力较高区域，而巴东、巫山、奉节、云阳以连片贫困形式出现。库中地区人口比重高，占地面积大，以农业经济为主，自然生态环境相对较脆弱。库中的塌陷切断了以宜昌、重庆为中心的库首、库尾的经济辐射效应，使得库中地区绿色减贫压力大，因此急需平衡这一区域环境与减贫的关系。

(4)库尾呈现"生态—贫困恶性循环"的趋势。从脱钩指数上看，目前库区10个区中8个为"挂钩"发展，2个为"强复钩"发展。这说明在库尾以牺牲生态推动减贫的同时，九龙坡区、沙坪坝区等区已经或曾经出现了生态环境与减贫效果的双重倒退。也就是说在重庆主城区部分区域出现了"生态—贫困恶性循环"的苗头。而库尾10个区中有7个区的综合贫困指数在2011年至2017年间先上升后下降，2017年时综合贫困指数的下降说明了库尾的贫困状态相对在恶化。

第5章　三峡库区贫困对生态环境的影响：农业环境库兹涅茨曲线视角

第三章中我们以微观视角对三峡库区移民的贫困状况进行测度，利用抽样数据分析了当前移民贫困的基本特征，30.15%的综合贫困发生率显示库区当前收入贫困大幅缓解，但卫生、医疗等方面的贫困形势依旧严峻。第四章中我们以宏观视角对三峡库区贫困与生态环境进行测度与脱钩分析后发现，库区贫困与生态环境的耦合关系仍须改善，目前库区资源环境承载力的不足导致减贫效果的取得以生态环境为代价。而目前库区中以农业收入为主要生活来源的人口占到总人口的54.7%①，三峡工程带来的耕地面积和耕地质量的双降，加剧了以农业发展为主的库区经济与生态环境之间的矛盾。库区目前所面临的"贫困恶性循环"的困境[134]，意味着库区自然环境只能承担有限的人口，超越一定限制将导致环境枯竭和退化。在生态坏境脆弱，地质灾害频发，农业面源污染的形势下，库区的农业可持续发展以及绿色脱贫的问题备受关注。

作为三峡库区贫困与生态环境之间互动关系研究的有机组成部分之一，并考虑到库区农业人口的比重较高，本章将从宏观的农业环境库兹涅茨曲线视角来分析三峡库区贫困对生态环境的影响。区域贫困是经济倒退的一种极端状态，已有诸多学者运用EKC对区域经济与生态环境之间的互动关系进行了研究，本章借鉴EKC的理论模型，在利用格兰杰因果检验验证库区贫困和生态环境长期交互关系的基础之上，分别构建普通面板回归模型和空间面板回归模型进行比较分析，引入空间变量，旨在构建研究贫困对生态环境影响的三峡库区农业EKC的分析新框架。

---

① 2017年《三峡公报》显示，三峡库区总人口为2125.72万人，农业人口为1163.05万人。

5.1　构建库区贫困对生态环境的影响模型

5.1.1　指标的选择

1. 因变量和自变量的选择

本书旨在研究农业的 EKC 曲线来挖掘库区贫困对生态环境的影响。目前农业面源污染是最主要也是最广泛的农业生产污染类型，在农业生产活动中投入的氮素和磷素等营养物、农药等有机或无机污染物，会通过农田地表径流和土壤渗漏，最终造成地表和地下水的污染。而农药、化肥、农膜是我国目前最主要的也是使用最广泛的农用化学品，这三者在农业碳排放中的排放贡献达到 84.48%，减少农用化学品的使用对控制农业碳排放有直接的影响作用[179~181]（王宝义，2016；张广胜和王珊珊，2014；何艳秋和戴小文，2016）。因此，本书以化肥、农药以及农膜这三大主要农用化学品的单位面积使用量分别作为因变量。陈勇等（2010）[182]、田素妍等（2012）[183]等学者在研究农业环境库兹涅茨曲线时将农民人均纯收入作为自变量引入模型之中，而目前农民人均纯收入是我国贫困划分的重要标准。因此在构建贫困与生态之间的 EKC 模型时，我们选择人均纯收入作为自变量表征库区人口的经济贫困。

2. 控制变量的选择

通过借鉴刘彦随和王介勇等（2009）[184]、杜江和刘渝（2009）[75]、王兵等（2011）[185]、沈能和张斌（2015）[78]、段颖琳和刘峰等（2016）[186]、杨永芳和牛璞等（2013）[187]的研究结果，结合数据的可获性，我们选择了以下 5 个变量作为模型的控制变量：

（1）农业人口。段颖琳和刘峰等（2016）[186]发现农业人口的增加会加重库区的生态系统产品供给服务所带来的环境压力。在农户广泛失地的情况下，农业人口的增加使得农户迫切需要耕地产出更大化以保障生计，但不科学的生产可能加重农地污染。本书用以农业收入为主要生活来源的人口表征农业人口。

（2）耕地面积。杨永芳和牛璞等（2013）[187]认为耕地的萎缩威胁着区域农业可持续发展和生态安全，粮食产量变化对耕地面积极为敏感，耕地的萎缩可能导致"耕地面积减少—粮食产量减产—化学品使用量加大—耕地质量下降"的恶性循环。本书以区县可耕地面积表征耕地面积。

（3）农业投资。王兵等（2011）[185]、唐澜兮和睢博莨等（2017）[188]提出农业投资能显著推动农业生产技术的革新，这给农业生态安全带来了双面影响。农用化学品的推广会带来农地质量的恶化，但是农业技术的提升又会带来生产效率的增加，推动绿色农业生产。本书以地区接受的各类农业投资总额表征农业投资。

（4）城乡差异。刘彦随和王介勇等（2009）[184]、杜江和刘渝（2009）[75]认为不均衡的权力以及收入的分配是引发环境退化的重要因素，在完全民主的社会情景假设下，更均衡更平等的收入分配方式能减少生产污染。本书以城乡收入比表征城乡差异。

（5）农业比重。产业结构和地区的环境质量之间有着紧密的关系。沈能和张斌（2015）[78]的研究表明，工业等高污染产业的比重越高，地区的生态环境质量越差。相对而言，农业的发展对生态的破坏程度较轻。本书以第一产业产值占地区生产总值比重表征农业比重。

5.1.2 模型的构建

本书的模型构建借鉴环境库兹涅茨曲线的表达模型并加以改进，传统的环境库兹涅茨曲线的模型表达式为：

$$Y_{it} = a_0 + a_1 X_{it} + a_2 X_{it}^2 + a_3 X_{it}^3 + \mu_{it} \tag{5.1}$$

其中 Y_{it} 表示环境污染量，X_{it} 表示人均纯收入，a_1，a_2，a_3 表示系数向量，a_0 表示常数项，μ_{it} 表示误差项。

我们将双对数模型与环境库兹涅茨曲线模型结合，以农用化学品投入指标中的单位面积化肥施用量、单位面积农药使用量和单位面积农膜使用量分别作为被解释变量，以农民人均纯收入作为解释变量，以农业人口（pop）、耕地面积（land）、农业投资（investment）、城乡差异（urban-rural disparity）、农业比重（industry）作为控制变量。为了降低数值的波动对于模型稳定性的影响，本书对农业人口、耕地面积和农业投资取自然对数，构建如下模型：

模型1：

$$\ln X_{it} = \alpha_0 + \alpha_1 \text{lnincome}_{it} + \alpha_2 \text{control}_{it} + \mu_{it} \tag{5.2}$$

模型2：

$$\ln X_{it} = \alpha_0 + \alpha_1 \ln^2 \text{income}_{it} + \alpha_2 \text{lnincome}_{it} + \alpha_3 \text{control}_{it} + \mu_{it} \tag{5.3}$$

模型3：

$$\ln X_{it} = \alpha_0 + \alpha_1 \ln^3 \text{income}_{it} + \alpha_2 \ln^2 \text{income}_{it} + \alpha_3 \text{lnincome}_{it} + \alpha_4 \text{control}_{it} + \mu_{it} \tag{5.4}$$

其中被解释变量可分别代入单位面积化肥施用量(fer)、单位面积农药使用量(pes)以及单位面积农膜使用量(fil)三个变量。

模型1(公式5.2)为直线形态的 EKC。模型2(公式(5.3))为 U 形曲线形态的 EKC：若 $a_1<0$，曲线为倒 U 形；若 $a_1>0$，曲线为正 U 形。模型3(公式(5.4))为 N 形曲线形态的 EKC：若 $a_1<0$，$a_2>0$，$a_3<0$，曲线为倒 N 形；若 $a_1>0$，$a_2<0$，$a_3>0$，曲线为正 N 形。

以倒 U 形的库兹涅茨曲线为例，若将空间因素引入其中，模型转变为以下形式：

空间滞后模型(spatial lag model, SLM)

$$\ln X_{it} = \lambda \sum_{j=1}^{N} W_{ij} X_{jt} + \alpha_i + \lambda_t + \beta_1 (\text{lnincome}_{it})^2 + \beta_2 \text{lnincome} + \text{control}_{it} \eta + \varepsilon_{it} \tag{5.5}$$

空间误差模型(spatial error model, SEM)

$$\ln X_{it} = \lambda \sum_{j=1}^{N} W_{ij} X_{jt} + \alpha_i + \lambda_t + \beta_1 (\text{lnincome}_{it})^2 + \beta_2 \text{lnincome} + \text{control}_{it} \eta + \mu_{it},$$

$$\mu_{it} = \rho \sum_{j=1}^{N} W_{ij} \mu_{it} + \nu_{it} \tag{5.6}$$

空间杜宾模型(spatial Durbin model, SDM)

$$\ln X_{it} = \lambda \sum_{j=1}^{N} W_{ij} X_{jt} + y_{it} \beta + \sum_{j=1}^{N} W_{ij} Y_{jt} \theta + \alpha_i + \gamma_t + \varepsilon_{it} \tag{5.7}$$

其中，在空间杜宾模型中，y_{it} 为公式(5.7)右侧所有解释变量构成的向量，β 为解释变量系数构成的向量。空间杜宾模型是通过将每个解释变量的空间滞后引入空间滞后模型而形成的，我们需要确定使用哪种空间计量模型进行 LM

检验。

5.1.3　数据来源

本书以三峡库区为研究区域，涵盖湖北和重庆两个省（市）的夷陵、秭归、万州、重庆主城区等 26 个区县，研究区域总面积约为 10000 平方公里，约有 3000 万人口。三峡工程水库建设淹没耕地 1.94 万公顷，搬迁移民 127 万人。

本书研究区域为三峡库区，涵盖重庆直辖市与湖北省的 26 个区县，其中重庆渝中区由于城市化率达 100%，相关农业数据缺失，因此予以剔除。由此本书最终采用三峡库区 25 个区县 2002—2017 年共 16 年的面板数据。其中，农用化学品数据来自三峡公报和各区县国民经济和社会发展统计公报，农业人口、耕地面积、农业投资、城镇居民可支配收入、农民人均纯收入、第一产业产值、地区生产总值等数据来自各区县统计年鉴。本书以城镇居民可支配收入与农民人均纯收入的比值表征城乡差异，以第一产业产值与地区生产总值的比值表征农业比重。

5.2　库区贫困与生态环境之间的长期交互影响

5.2.1　描述性统计结果

首先，本书计算了不考虑空间相关因素的普通面板数据模型。其次，本书根据每个模型的 LM 统计数据确定了使用哪种空间计量经济模型（SLM、SEM 或 SDM）进行估计。最后，本书计算了单位化肥施用量的拐点，并与无空间效应下的拐点进行比较。变量的描述性统计结果如表 5.1 所示。

表 5.1　　　　　　　　　　　　描述性统计结果

变量	样本数	单位	均值	标准差	最小值	最大值
单位面积化肥施用量	400	kg/hm^2	73.11	10.54	52	158
单位面积农药使用量	400	kg/hm^2	9.23	1.01	0.12	26.72
农民人均纯收入	400	元	18492	5347	2123	47648

续表

变量	样本数	单位	均值	标准差	最小值	最大值
农业人口	400	万人	53.38	35.59	2.62	139.23
可耕地面积	400	hm^2	254471.71	185356.62	130	690043
农业投资	400	万元	36983.23	70807.54	680	782568
城乡收入差异	400	—	1.70	0.23	1.23	3.75
第一产业占比	400	—	15.84%	10.67	2.27%	44.17%

5.2.2 单位根检验结果

单位根检验用于判断面板数据中变量的平稳性，以防存在伪回归。在单位根检验中共要完成两种检验：相同单位根过程下的检验和不同单位根过程下的检验。LLC 检验(Levin-Lin-Chu 检验)和 Breitung 检验用于相同单位根下的检验，而 IPS 检验(Im-Pesaran-Shin 检验)、Fisher-ADF 检验和 Fisher-PP 检验均用于不同单位根下过程的检验。由表 5.2 的单位根检验结果可知，模型中的各变量均通过了单位根检验，均为一阶单整。

表 5.2 面板单位根检验结果

变量	LLC	Breitung	IPS	Fisher-ADF	Fisher-PP
lnfer	−14.290 (0.000)	−7.276 (0.000)	−6.156 (0.000)	140.405 (0.000)	253.479 (0.000)
lnpes	−18.974 (0.000)	−2.478 (0.006)	−8.507 (0.000)	176.450 (0.000)	249.873 (0.000)
lnfil	−11.270 (0.000)	−1.775 (0.002)	−5.327 (0.000)	126.350 (0.000)	213.542 (0.000)
lnincome	−9.087 (0.000)	−4.054 (0.000)	−3.106 (0.000)	93.557 (0.001)	166.859 (0.000)
$ln^2income$	−9.381 (0.000)	−3.399 (0.000)	−2.973 (0.002)	91.464 (0.000)	156.895 (0.000)
$ln^3income$	−9.490 (0.000)	−4.126 (0.000)	−3.145 (0.000)	96.255 (0.000)	159.545 (0.000)

变量	LLC	Breitung	IPS	Fisher-ADF	Fisher-PP
lnpop	−15.779 (0.000)	−7.509 (0.000)	−5.139 (0.000)	129.836 (0.000)	167.270 (0.000)
lnland	−14.930 (0.000)	−7.485 (0.000)	−5.592 (0.000)	125.100 (0.000)	195.257 (0.000)
lninv	−10.038 (0.000)	−8.515 (0.000)	−8.307 (0.000)	151.169 (0.000)	164.786 (0.000)
inc	−17.976 (0.000)	−10.097 (0.000)	−8.083 (0.000)	159.062 (0.000)	234.802 (0.000)
ind	−12.789 (0.000)	−4.976 (0.000)	−3.894 (0.000)	108.937 (0.000)	157.694 (0.000)

数据来源:《三峡公报》和各区县统计年鉴数据,通过 EViews 8.0 计算分析得到。括号里是变量的 P 值。

5.2.3 协整检验

本书分别对 EKC 模型的一次、二次、三次形式做了 Pedroni 检验、Kao 检验和 Johansen 面板协整检验,其结果如表 5.3 所示。

表 5.3 中面板协整检验的结果显示,在不同的检验方法下,各统计变量均在 10%的显著性水平下拒绝了原假设,因此本书认为单位面积化肥施用量、农药使用量和农膜使用量均与农民人均纯收入之间存在长期稳定的协整关系,这也为农用化学品的 EKC 方程估计提供了必要前提。

表 5.3 面板协整结果

统计量,变量	lnfer	lnpes	lnfil
Panel ADF-Statistic	−2.013 (0.022)	−1.487 (0.069)	−2.151 (0.036)
Group ADF-Statistic	−1.825 (0.034)	−1.052 (0.053)	−1.370 (0.027)

统计量，变量	lnfer	lnpes	lnfil
ADF(Kao)	−3.310 (0.001)	−2.589 (0.006)	−3.127 (0.051)
None of Ces(Fisher, from trace test)	546.9 (0.000)	635.2 (0.000)	432.5 (0.000)
None of Ces(Fisher, from max-eigen test)	481.9 (0.000)	532.9 (0.000)	586.3 (0.000)

数据来源：《三峡公报》和各区县统计年鉴数据，通过 EViews 8.0 计算分析得到。

注：表中为人均纯收入一次项与二次项的协整检验结果。括号里是变量的 P 值。

5.2.4　格兰杰因果检验

上节的协整检验结果已经反映出单位面积化肥施用量、农药使用量和农膜使用量均与农民人均纯收入之间存在长期动态均衡，在此基础上我们需要进一步地进行格兰杰因果检验，以验证三峡库区贫困与生态环境的交互影响关系。为方便概述，后文化肥施用量、农药使用量、农膜使用量均指单位面积化肥施用量、单位面积农药使用量、单位面积农膜使用量。表 5.4 中展示了三峡库区农民人均纯收入与农业生态环境相关变量的格兰杰因果检验结果。

表 5.4　三峡库区农民人均纯收入与农业生态环境相关变量的格兰杰因果检验

原假设	F 统计量	P 值	结论
FER 不是 INC 的 Granger 原因	5.74	0.00	拒绝
INC 不是 FER 的 Granger 原因	3.82	0.05	拒绝
PES 不是 INC 的 Granger 原因	4.25	0.04	拒绝
INC 不是 PES 的 Granger 原因	3.77	0.05	拒绝
FIL 不是 INC 的 Granger 原因	0.04	0.12	接受
INC 不是 FIL 的 Granger 原因	1.24	0.06	拒绝

数据来源：《三峡公报》和各区县统计年鉴数据，通过 EViews 8.0 计算分析得到。

注：表中 FER 为单位面积化肥施用量，PES 为单位面积农药使用量，FIL 为单位面积农膜使用量，INC 为农民人均纯收入。概率是 5% 显著性水平下原假设成立的概率值。

由检验结果可见，农民人均纯收入是化肥施用量、农药使用量与农膜使用量的格兰杰原因，同时化肥施用量、农药使用量是农民人均纯收入的格兰杰原因，而农膜使用量不是。

本书以三峡库区 25 个区县为截面单位，使用 2002—2017 年共 16 个时序样本点，得出了农民人均纯收入与化肥施用量的格兰杰因果检验结果，如表 5.5 所示(考虑到本书篇幅，农药使用量、农膜使用量的格兰杰因果检验结果类似，不再列出)。

由表 5.5 的格兰杰因果检验结果可见，在夷陵、秭归、云阳、万州、巫山、江北、江津和北碚等 8 个区县，农民人均纯收入与化肥施用量之间互为格兰杰原因；在巴东、忠县、武隆、石柱、奉节、沙坪坝、南岸等 7 个区县，农民人均纯收入是化肥施用量的格兰杰原因；在兴山、开县、丰都、大渡口和巴南等 5 个区县，化肥施用量是农民人均纯收入的格兰杰原因。接受格兰杰检验原假设的区县主要集中于库尾的重庆主城区，而在农业比重较大的区县，比如夷陵、秭归、万州和江津等，农民人均纯收入与化肥施用量的互动关系体现得较为突出。

表 5.5　　　三峡库区农民人均纯收入与化肥施用量的格兰杰因果检验

库区	区县	INC⇒FER	FER⇒INC
库首	夷陵	28.43***	15.22**
	秭归	12.27**	8.74*
	巴东	13.23**	3.27
	兴山	1.21	5.83*
库中	云阳	4.28*	10.42**
	忠县	5.76*	2.58
	万州	16.32**	26.03***
	巫溪	2.12	0.28
	巫山	12.21**	5.23*
	武隆	8.12*	0.73
	石柱	7.53*	2.56
	开县	2.11	5.23*
	涪陵	1.03	2.64
	奉节	5.93*	1.96
	丰都	1.53	3.73*

库区	区县	INC⇒FER	FER⇒INC
	沙坪坝	4.76*	0.68
	渝北	0.83	1.75
	江北	7.27*	8.86*
	九龙坡	1.08	0.69
	大渡口	3.01	3.88*
库尾	江津	5.33*	10.75**
	南岸	6.43*	1.74
	长寿	0.63	1.49
	巴南	2.46	4.83*
	北碚	6.26*	3.97*

数据来源：《三峡公报》和各区县统计年鉴数据，通过 EViews 8.0 计算分析得到。

注：表中 FER 为单位面积化肥施用量，INC 为农民人均纯收入。***、**和 * 分别表示在 1%、5% 和 10% 显著水平下拒绝原假设。

5.3　农业环境库兹涅茨曲线的普通面板回归分析结果

本章选择面板回归分析作为探究库区农业环境库兹涅茨曲线的研究方法。本章所用到的数据是面板数据，具有时间和截面双重信息。采用面板回归分析，一是可以有效解决遗漏变量的问题，避免不可观测的个体差异或"异质性"带来的"不随时间而变化"的影响；二是可提供更多个体动态行为的信息，解决截面数据或时序数据不能解决的问题。

5.3.1　模型的选择

在本章 5.2 节中，单位根检验和协整检验验证了本书面板数据的平稳性，证明了三峡库区农民人均纯收入与化肥施用量、农药使用量和农膜使用量之间的稳定因果关系，为本章的农业 EKC 的普通面板回归提供了前提和基础。

为确定变量之间的内在因果关系，本书选择采用 Hausman 检验，并借此判断本书数据适合的效应模型。如果 Hausman 检验结果不能拒绝原假设：随机影响模型中个体影响与解释变量不相关，则说明固定效应模型和随机效应模型在模型评估上不存在系统差异，那么方程则采用随机效应模型；如果 Hausman 检验结果拒绝原假设，那么方程则适用于固定效应模型，那就需要继续判断 EKC 适用于哪种类型的固定效应模型。

由表 5.6 的 Hausman 检验结果可见，化肥施用量的二次和三次的 EKC 模型不论是否包含控制变量，均在 5% 的显著性水平下拒绝了原假设，因此适用于固定效应模型。而农药使用量与农膜使用量的二次和三次的 EKC 模型不论是否包含控制变量，均不能拒绝原假设，因此适用于随机效应模型。

表 5.6   Hausman 检验结果

农用化学品	是否包含控制变量	EKC 的形式	Chi-Sq. 统计量	Prob.
化肥施用量	是	二次	25.853	0.001
		三次	32.516	0.001
	否	二次	8.620	0.013
		三次	12.260	0.027
农药使用量	是	二次	8.981	0.254
		三次	14.564	0.625
	否	二次	2.450	0.294
		三次	3.256	0.457
农膜使用量	是	二次	12.153	0.356
		三次	17.424	0.423
	否	二次	2.263	0.289
		三次	3.237	0.266

数据来源：《三峡公报》和各区县统计年鉴数据，通过 EViews 8.0 计算分析得到。

就化肥施用量的 EKC 模型而言，本书还需要利用 F 检验继续判断其适用于哪种类型的固定效应模型（变参数模型、变截距模型、不变参数模型）。

表 5.7 的 F 检验结果如下，根据判别规则发现，化肥施用量的 EKC 模型数据不论是否包含控制变量，均适用固定效应下的变截距模型。

表 5.7 F 检验结果

模型	是否包含控制变量	Sum Squared Resid		自由度
变系数模型	是	1.415		N(T−K−1)
	否	3.104		N(T−K−1)
变截距模型	是	12.507		N(T−1)−k
	否	13.446		N(T−1)−k
不变系数模型	是	145.648		NT−(K+1)
	否	200.958		NT−(K+1)
不含控制变量	$F_{1\alpha}$	1.422	$F_{2\alpha}$	1.360
	F_1	1.400	F_2	177.055
包含控制变量	$F_{1\alpha}$	1.387	$F_{2\alpha}$	1.352
	F_1	1.127	F_2	53.098

数据来源：《三峡公报》和各区县统计年鉴数据，通过 EViews 8.0 计算分析得到。

注：F 检验仅用于判断化肥施用量的固定效应模型形式，因为农药使用量、农膜使用量的 EKC 模型更适用于随机效应，因此不使用 F 检验。

5.3.2   农业库兹涅茨曲线的验证结果

由于化肥施用量的 EKC 模型数据适用于固定效应模型，因此本书运用虚拟变量最小二乘法(LSDV)对化肥施用量的 EKC 进行估计，表 5.8、表 5.9 为其面板数据回归结果。

表 5.8   未加入控制变量时化肥施用量的环境库兹涅茨曲线实证结果

变量	系数(coef.)	标准误	t 值	P 值
常量	−16.552	1.586	−0.026	0.979
$\ln^2 income$	−0.219	0.017	−6.070	0.000
$\ln income$	4.057	0.332	6.108	0.000
调整后 R-square	0.246		F 值	171.516
Dubin-Watson Stat.	1.589		P 值	0.000

数据来源：《三峡公报》和各区县统计年鉴数据，通过 EViews 8.0 计算分析而得。

由表5.8可见，在未加入控制变量时，化肥施用量的环境库兹涅茨曲线呈现倒U形曲线的形态。经计算，其环境改善的拐点是农民人均纯收入10536元。也就是说，在不受到控制变量影响时，当人均纯收入达到10536元，单位面积化肥施用量会到达峰值，随后随着农民人均纯收入的增加而下降。

当加入控制变量之后，被解释变量为单位面积化肥施用量时，Hausman检验结果拒绝随机效应，F检验结果显示适用固定效应下的变截距模型，本书运用虚拟变量最小二乘法（LSDV）进行估计，其面板数据回归结果如表5.9所示：

表5.9 加入控制变量后化肥施用量的环境库兹涅茨曲线实证结果

变量	系数（coef.）	标准误	t值	P值
常量	−16.760	2.051	1.381	0.168
$\ln^2 income$	−0.218	0.030	−3.326	0.001
$\ln income$	4.062	0.411	3.297	0.001
$\ln pop$	−0.112	0.120	−0.938	0.349
$\ln land$	−0.186	0.070	2.656	0.008
$\ln inv$	−0.007	0.023	−0.292	0.771
dis	0.215	0.105	2.055	0.041
ind	−0.904	0.042	−2.133	0.034
调整后 R-square	0.940	F值		152.472
Dubin-Watson Stat.	1.656	P值		0.000

数据来源：《三峡公报》和各区县统计年鉴数据，通过EViews 8.0计算分析而得。

由表5.9可见，在加入控制变量后，化肥施用量的环境库兹涅茨曲线依旧呈现倒U形曲线的形态。经计算，其拐点是农民人均纯收入11122元。也就是说，在受到控制变量影响时，人均纯收入达到11122元，单位面积化肥施用量会到达峰值，随后随着农民人均纯收入的增加而下降。

而控制变量中，耕地面积、城乡差异以及农业比重对化肥施用量产生了显著性的影响，均通过了5%的显著性水平。其中，耕地面积每下降1%，化肥施用量上升0.1%~0.2%；城乡人口收入差异每增加1%，化肥施用量则会上升0.2%；第一产业的比重每扩大1%，化肥施用量则会下降0.9%。

由于农药使用量和农膜使用量的EKC模型数据适用于随机效应模型，本书运用广义最小二乘法（EGLS）对农药使用量与农膜使用量的 EKC 进行估计，表 5.10、表 5.11 为面板数据回归结果。

表 5.10　　未加入控制变量时农药使用量的环境库兹涅茨曲线实证结果

变量	系数（coef.）	标准误	t 值	P 值
常量	−11.030	1.897	−5.249	0.000
$\ln^2 income$	−0.169	0.021	−8.811	0.000
$\ln income$	3.126	0.395	8.581	0.000
调整后 R-square	0.224	F 值		44.201
Dubin-Watson Stat.	1.212	P 值		0.000

数据来源：《三峡公报》和各区县统计年鉴数据，通过 EViews 8.0 计算分析而得。

由表 5.10 可见，在未加入控制变量时，农药使用量的环境库兹涅茨曲线呈现倒 U 形曲线的形态。经计算，其拐点是农民人均纯收入 10389 元。也就是说，在不受到控制变量影响时，人均纯收入达到 10389 元，农药使用量会到达峰值，随后随着农民人均纯收入的增加而下降。

表 5.11　　加入控制变量后农药使用量的环境库兹涅茨曲线实证结果

变量	系数（coef.）	标准误	t 值	P 值
常量	−10.232	2.359	−3.573	0.000
$\ln^2 income$	−0.159	0.024	−6.461	0.000
$\ln income$	2.985	0.473	6.343	0.000
$\ln pop$	−0.350	0.128	−2.732	0.007
$\ln land$	−0.198	0.072	2.773	0.006
$\ln inv$	−0.046	0.026	1.801	0.073
dis	0.320	0.120	2.655	0.008
ind	−0.067	0.048	−1.409	0.160
调整后 R-square	0.456	F 值		19.142
Dubin-Watson Stat.	1.342	P 值		0.000

数据来源：《三峡公报》和各区县统计年鉴数据，通过 EViews 8.0 计算分析得到。

由表 5.11 可见，在加入控制变量后，农药使用量的环境库兹涅茨曲线呈现倒 U 形曲线的形态。经计算，其拐点是农民人均纯收入 11775 元。也就是说，在受到控制变量影响时，人均纯收入达到 11775 元，农药使用量会到达峰值，随后随着农民人均纯收入的增加而下降。

在控制变量中，在 10% 的统计水平上，自变量农业人口、耕地面积、农业投资以及城乡差异对农药使用量有显著性影响。具体而言，农业人口每下降 1%，农药使用量会上升 0.35%；耕地面积每减少 1%，农药使用量会增加 0.19%；农业投资每扩大 1%，农药使用量会下降 0.05%；城乡差异每扩大 1%，农药使用量则会上升 0.32%。

将加入控制变量前后的化肥 EKC 和农药 EKC 进行对比发现，随着贫困状况不断缓解，化肥施用量和农药使用量均呈现先增加后减少的趋势。也就是说，在贫困状况不断改善的同时，农业生态环境呈现出先破坏后改善的趋势。控制变量的加入使得环境改善的拐点均发生了递延，也就是说控制变量加入之后，控制变量的综合影响导致了环境好转拐点的延后。

而对于农膜这一农用化学品而言，其二次变量和三次变量均未能通过显著性检验，无法拟合出有效的环境库兹涅茨曲线，从而无法预测拐点。

5.4 农业环境库兹涅茨曲线的空间计量分析

本节在面板回归分析基础上，进一步采用空间面板回归分析探讨三峡库区的空间效应对农业环境库兹涅茨曲线可能造成的影响。空间面板数据模型将空间计量经济学与面板数据方法结合，不但考虑到研究区域的时空特征，还将空间效应纳入了研究体系。该模型的设定、参数估计以及模型检验都更为复杂，对于研究三峡库区的农业环境库兹涅茨曲线，其考虑的因素更加多元，模型能反映的问题也更加全面，这使得模型的估计结果更加有效。

5.4.1 农用化学品的空间自相关分析

Moran's I 指数的范围在 −1 到 1 之间。正值的 Moran's I 指数表示区域间存在正的空间自相关，不同区域间的目标变量彼此产生正向反馈；负值的 Moran's I 指数表示区域间存在负的空间自相关，相邻区域的目标变量彼此互为"竞争"关系。

本书对三峡库区面板数据中的化肥施用量、农药使用量和农膜使用量分别计算 Moran's I 指数，发现化肥与农药的 Moran's I 指数在 12 年间一直为正值，且所有的计算结果均在 10% 的显著性水平之下显著，而农膜在大多数的年份中 Moran's I 指数均无法达到 10% 的显著性水平。因篇幅所限，书中仅给出 2002 年和 2013 年的化肥施用量和农药使用量的 Moran's I 散点图。

由图 5.1 可见，三峡库区大部分区县的化肥施用量以及农药使用量 Moran's I 值都位于一、三象限，显示化肥及农药具有正的空间自相关性。此外，随着时间的推进，化肥、农药的空间自相关程度均在减小，Moran's I 指数略有下降。这说明地方农业生产政策及方式的溢出效应在减小，各地的趋同效应也在逐渐减小，农业生产特别是农用化学品的投入开始呈现一定的独立性，地方政府及农民都对当地农业生产进行了调整。

5.4.2　基于空间面板回归的实证结果分析

空间计量经济学是计量经济学的一个重要分支，主要研究面板数据回归模型中存在的空间相关性和空间异质性。本书通过 GeoDa 软件构建三峡库区的 01 地理权重矩阵(相邻为 1，不相邻则为 0)，并进行计算。

空间计量回归的基本思想是将地区间各变量的空间相关性引入回归模型，并通过对基本模型加入空间权重矩阵进行修正。当前，研究农业生产污染空间溢出效应的空间回归计量模型主要有 3 种：①空间滞后模型(spatial lag model，SLM)；②空间误差模型(spatial error model，SEM)；③空间杜宾模型(spatial Durbin model，SDM)。

1. 空间滞后面板模型与空间误差面板模型的分析结果

基于前文已经利用虚拟最小二乘法(LSDV)在不考虑空间因素的情况下进行了面板数据回归分析，结果发现农用化学品中化肥与农药的 EKC 曲线均呈现倒"U"形的趋势，因此在空间面板计量中，本书继续沿用人均纯收入的二次方项，使前后曲线一致，方便对比。

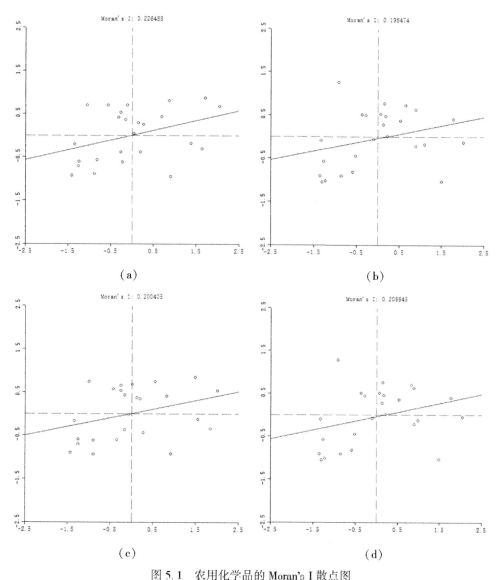

图 5.1　农用化学品的 Moran's I 散点图

（化肥施用量：2002 年(a)、2017 年(b)；农药使用量：2002 年(c)、2017 年(d)）

注：农膜使用量的 Moran's I 指数未通过显著性检验，无法证明该变量具有空间自相关性。

　　首先，本书利用混合普通最小二乘法(pooled OLS)、空间固定效应、时间固定效应、时间空间双固定估计式对标准面板结果进行估计，结果见表 5.12。

　　从检验结果来看，根据 Dubin-Watson 值和调整后的 R^2，在所有模型中，化肥的 EKC 曲线与农药的 EKC 曲线在时间空间双固定效应模型下的拟合效果最好。

其次，在空间滞后面板模型和空间误差面板模型中，由表 5.12 中 LM 检验和 Robust LM 检验结果可以看出，空间滞后面板模型更适合用来估计化肥的 EKC。化肥施用量的 EKC 曲线在时间空间双固定效应模型下的拟合效果最佳，其相应的空间滞后面板模型的 SLPDM-LM 和 SLPDM-RLM 均通过了 1% 的显著性水平检验，而空间误差面板模型的 SEPDM-LM 通过了 1% 的显著性水平检验，SEPDM-RLM 则没有通过 10% 的显著性水平检验（P 值为 0.578）。农药使用量在空间滞后面板模型和空间误差面板模型下的估计结果无明显差异。在四种模型中，时间空间双固定模型的估计效果最好，其相应的空间滞后面板的 SLPDM-LM 和 SLPDM-RLM 均通过了 1% 的显著性水平检验，而空间误差面板的 SEPDM-LM 和 SEPDM-RLM 则通过 5%（P 值为 0.023）的显著性水平检验。因此，化肥施用量的 EKC 拟合更适合空间滞后面板模型，而农药使用量的 EKC 拟合要根据后续的检验结果判断能否使用空间杜宾面板模型。

表 5.12　　　　未考虑空间因素的标准面板 EKC 回归结果

因变量	lnfer				lnpes			
估计方法	OLS	空间固定	时间固定	时间空间双固定	OLS	空间固定	时间固定	空间时间双固定
Constant	-9.771** (-3.255)				-24.782** (0.000)			
lnincome	2.735** (3.616)	2.319** (4.005)	3.463* (5.133)	3.816*** (5.600)	4.826*** (4.005)	2.293** (5.133)	3.548** (2.919)	4.538*** (2.672)
$\ln^2 income$	-0.127** (-3.765)	-0.110* (-5.920)	-0.161* (-2.334)	-0.171** (-5.689)	-0.218** (-4.062)	-0.107* (-4.824)	-0.162** (-5.007)	-0.203** (-3.294)
lnpop	0.147* (8.488)	0.125 (3.129)	0.339** (5.789)	0.262 (6.163)	0.770 (2.581)	-0.815** (-4.492)	-0.132 (-3.579)	-0.327* (-3.220)
lnland	0.104 (6.432)	-0.092* (3.483)	0.181 (4.473)	-0.247** (-5.423)	0.423 (2.775)	-0.124* (-3.721)	0.277 (3.764)	-0.068* (-5.089)
lninv	0.121** (1.857)	0.0810 (5.743)	0.177* (8.448)	0.256** (4.539)	0.384** (5.499)	0.249* (7.384)	0.403* (9.224)	0.149* (8.930)
dis	0.062* (2.392)	0.009** (5.933)	0.070*** (9.482)	0.105*** (7.102)	0.024* (2.108)	0.014** (3.775)	0.033 (6.392)	0.015*** (10.349)

续表

因变量	lnfer				lnpes			
ind	−0.082 * (−2.394)	0.0308 (−0.275)	−0.052 ** (−3.485)	−0.018 *** (−2.051)	−0.035 * (−2.394)	0.049 ** (3.482)	0.044 (0.503)	0.050 ** (7.343)
R^2	0.505	0.468	0.703	0.758	0.413	0.490	0.640	0.668
σ^2	0.124	0.013	0.108	0.006	0.131	0.044	0.109	0.013
lnL	−188.553	356.212	426.901	503.831	−202.522	394.514	−165.650	405.342
D-W	1.103	1.263	0.928	1.831	1.093	1.148	1.104	1.722
LM spatial lag	132.392 *** (p=0.000)	54.438 *** (p=0.000)	44.402 *** (p=0.000)	6.482 ** (p=0.017)	17.998 *** (p=0.000)	4.902 * (p=0.079)	11.323 *** (p=0.001)	1.372 (p=0.634)
Robust LM spatial lag	16.340 *** (p=0.000)	4.754 * (p=0.000)	0.328 (p=0.730)	0.557 (p=0.540)	5.843 *** (p=0.006)	42.352 *** (p=0.000)	8.283 ** (p=0.042)	14.526 *** (p=0.000)
LM spatial error	128.387 *** (p=0.000)	46.832 ** (p=0.030)	56.439 *** (p=0.000)	9.493 *** (p=0.000)	7.938 *** (p=0.002)	47.624 *** (p=0.000)	5.280 *** (p=0.000)	6.393 * (p=0.082)
Robust LM spatial error	10.403 (p=0.292)	48.921 *** (p=0.003)	16.804 ** (p=0.040)	0.703 (p=0.578)	0.632 * (p=0.078)	88.392 * (p=0.083)	0.3511 (p=0.175)	26.942 *** (p=0.003)

数据来源：采用《三峡公报》、各区县统计年鉴数据和孙辉的空间面板程序包，通过 MATLAB 计算而得。lnL 为极大似然值的对数，D-W 为 Dubin-Watson 统计量，解释变量和 LM 统计量下的括号里的数值为其对应的 P 值。

2. 空间杜宾模型分析结果

本书利用 Hausman 检验在固定效应模型和随机效应模型中选出更适合空间面板数据的模型。结果显示，化肥 EKC 的 Hausman 统计量为 122.6743（伴随概率是 0.0000），而农药 EKC 的 Hausman 统计量为 86.2437（伴随概率是 0.0000）。检验结果拒绝了个体效应与解释变量无关的原假设，因此化肥与农药的空间面板数据更适用于固定效应模型。

Wald 和似然比检验（LR 检验）能帮助判断 SDM 模型是否可以简化为 SLM 和 SEM。由表 5.12 的结果可见，在三种模型下，Wald 和 LR 检验都通过了 10% 的显著性水平检验，拒绝了 SLM（空间滞后面板）和 SEM（空间误差面板）$\zeta(\xi) = 0$ 和 $\zeta(\xi) + \lambda\alpha(\beta) = 0$ 的原假设，这说明对于化肥的 EKC 而言，空间杜宾面板模型更为适用。

　　因为空间杜宾面板模型同时包括因变量和自变量的空间滞后性，和空间滞后面板模型、空间误差面板模型相比，它能够反映出目标变量的空间自相关性对于估计结果的影响。同时，在空间杜宾面板模型的分析中，模型中引入的解释变量与空间权重矩阵 W 的乘积有利于我们了解相邻地区的这一系列解释变量(农业人口、耕地面积等)是如何影响本地区的农用化学品投放的。

　　在表 5.13 中，W×lnfer 的系数为正值，说明在三峡库区区域间单位面积化肥施用量总体呈现出一种"模仿趋同"的关系。在三峡库区，临近区县的地理环境、人文环境类似，在种植条件与种植作物差异不大的情况下，相邻的地区在化肥投放上易相互影响。时间空间双固定效应下，人均纯收入(lnincome)及其平方($\ln^2$income)与 W 的乘积的系数均在 10% 的水平通过了显著性检验，这说明邻近地区的收入外溢效应会显著地影响本地区的化肥施用量。而可以佐证这种收入溢出效应的是，我们发现 W×Inc，即城乡差异(城镇人口与农村人口收入比)与 W 的乘积，它的系数是正值且显著的，这说明邻近地区的城乡差异扩大可能会刺激本地的农村人口出于收入差异的考量，加大化肥施用量来达到增产增收的目的。

表 5.13　　　　　　　　三峡库区化肥 EKC 的空间面板回归估计结果

被解释变量为 lnfer	时间空间固定效应	经过偏误修正后的双固定效应	截面随机效应和时间固定效应
W×lnfer	0.205***(2.511)	0.193***(1.607)	0.190***(1.677)
lnincome	0.135***(6.341)	0.121***(6.055)	0.118***(5.751)
$\ln^2$income	-3.214**(-6.172)	-3.181**(-6.395)	-3.107**(-6.207)
lnpop	0.077*(4.056)	0.073*(3.874)	-0.069(-0.941)
lnland	0.024*(3.417)	0.021**(3.271)	0.020*(3.104)
lninv	0.106***(2.844)	0.095***(2.722)	0.088***(2.174)
dis	0.009**(6.445)	0.009***(6.345)	0.009***(6.240)
ind	-0.128**(-3.115)	-0.115**(-3.024)	-0.108**(-3.012)
W×lnincome	0.204**(5.774)	0.201**(4.821)	1.314(0.755)
W×$\ln^2$income	-3.105***(-7.521)	-3.100**(-7.021)	-1.074**(-0.072)
W×lnpop	0.041(0.084)	0.041(0.072)	0.037(0.066)
W×lnland	0.122(0.418)	0.210(0.863)	0.123(0.504)
W×lninv	0.207(0.514)	0.002(0.093)	0.010(0.453)

续表

被解释变量为 lnfer	时间空间固定效应	经过偏误修正后的 双固定效应	截面随机效应和 时间固定效应
W×dis	0.721 **(1.982)	0.714 *(1.852)	0.822 ***(2.148)
W×ind	−0.048(−0.077)	−0.030(−0.152)	−0.042 ***(−0.801)
σ^2	0.009	0.010	0.011
R^2	0.958	0.958	0.922
corrected R^2	0.490	0.486	0.264
Wald test spatial lag	31.285($p=0.000$)	28.511($p=0.000$)	51.252($p=0.000$)
LR test spatial lag	30.254($p=0.000$)	30.254($p=0.000$)	
Wald test spatial error	32.515($p=0.000$)	29.105($p=0.000$)	56.214($p=0.000$)
LR test spatial error	30.274($p=0.000$)	30.274($p=0.000$)	

数据来源：采用《三峡公报》、各区县统计年鉴数据和孙辉的空间面板程序包，通过MATLAB计算而得。

注：解释变量、Wald和LM统计量下的括号里的数值为其对应的 P 值。

由表5.14的结果可见，在三种模型下，Wald和LR检验都通过了10%的显著性水平检验，拒绝了SLM(空间滞后面板)和SEM(空间误差面板)$\zeta(\xi)=0$和$\zeta(\xi)+\lambda\alpha(\beta)=0$的原假设，这说明与化肥类似，农药的EKC也更适合利用空间杜宾面板模型来估计。

在表5.14中，W×lnpes的系数同样为正值且显著，说明在三峡库区区域间单位面积农药使用量总体也呈现出一种互相促进的关系。结合化肥与农药的投入情况，我们发现在三峡库区农用化学品的投放对邻接区县农用化学品的投放的影响是正向的，一个地区的农用化学品投入会刺激邻近地区的农用化学品的投入。时间空间双固定效应下，人均纯收入(lnincome)及其的平方($\ln^2$income)与W的乘积的系数均在10%的水平通过了显著性检验，也说明邻近地区的收入外溢效应会显著地影响本地区的农药使用量。此外，只有W×lninv，即农业投资与W的乘积的系数是正值且显著的，这说明邻近地区相关农业投资的增加可能会刺激本地的农民加大农药使用量，这可能是因为邻近地区农业投资增加，注重农业开发，本地农民担心会因此抑制当地农业的发展情况，由此加大农药投入以追求更大回报。

表 5.14　　　　　　　三峡库区农药 EKC 的空间面板回归估计结果

被解释变量为 lnpes	时间空间固定效应	经过偏误修正后的双固定效应	截面随机效应和时间固定效应
W×lnpes	0.198 *** (3.843)	0.227 *** (5.033)	0.172 *** (2.322)
lnincome	0.203 *** (4.432)	0.197 *** (4.182)	0.188 *** (4.038)
ln²income	−4.232 ** (−6.283)	−4.172 * (−6.179)	−4.056 * (−6.045)
lnpop	0.155 * (1.936)	0.153 * (1.867)	0.157 ** (1.940)
lnland	−0.012 *** (−2.956)	−0.011 ** (−2.873)	−0.009 ** (−2.754)
lninv	0.332 *** (7.394)	0.328 (7.102)	0.049 (0.840)
dis	0.026 ** (5.034)	0.022 *** (5.084)	0.018 *** (4.943)
ind	0.089 ** (4.394)	0.079 ** (4.292)	−0.028 (0.392)
W×lnincome	0.126 (0.947)	0.109 (0.847)	−0.105 (−0.005)
W×ln²income	−2.938 (−0.938)	−2.387 (−0.845)	−1.238 (−0.382)
W×lnpop	0.052 (0.889)	0.011 (0.027)	−0.283 (−2.357)
W×lnland	0.013 (0.743)	0.017 (0.849)	−0.004 (−0.217)
W×lninv	0.128 ** (2.847)	0.125 * (2.537)	0.124 * (2.384)
W×dis	0.074 (1.121)	0.063 (1.088)	0.071 (1.092)
W×ind	−0.039 ** (−4.283)	−0.037 (−4.187)	−0.033 (−4.071)
σ^2	0.007	0.008	0.008
R^2	0.934	0.934	0.912
corrected R^2	0.506	0.505	0.523
Wald test spatial lag	80.395($p=0.000$)	79.874($p=0.000$)	81.982($p=0.000$)
LR test spatial lag	69.678($p=0.000$)	69.678($p=0.000$)	
Wald test spatial error	58.843($p=0.000$)	51.623($p=0.000$)	69.023($p=0.000$)
LR test spatial error	50.438($p=0.000$)	50.438($p=0.000$)	

数据来源：采用《三峡公报》、各区县统计年鉴数据和孙辉的空间面板程序包，通过 MATLAB 计算而得。

注：解释变量、Wald、LM 统计量下的括号里的数值为其对应的 P 值。

3. 考虑空间效应的库兹涅茨曲线拐点计算

Elhorst(2012)[189] 指出和普通面板的回归结果不同，空间杜宾面板模型估计出的系数并不能直接地反映和揭示出因变量和自变量之间的边际变化关系。因此，我们不能直接利用 SDM 的回归结果来估计 EKC 拐点值。必须根据空间杜宾面板模型得到的总效应值（即直接效应+间接效应），来分析变量间的关系及预测拐点，这样才能与之前的非空间计量模型做比较，得出考虑空间因素前后的 EKC 趋势及其拐点的变化。

前文已经进行过论述，空间面板数据更适合使用固定效应模型，因此在空间杜宾面板模型估计出的直接效应、间接效应以及总效应中，我们只展示时间空间双固定和偏误修正后的双固定效应这两种模型的结果。

由表 5.13 和表 5.15 发现 lnincome 和 $\ln^2$income 在直接效应上的系数和空间杜宾面板模型估计出的系数略有差异。直接效应不仅包含了邻近地区对本地的影响，还包含了本地区到邻近地区最后再返回本地的互动反馈效应。其中的空间因素通过空间滞后因变量（W×lnfer 和 W×lnpes）和空间滞后自变量（W×lnincome、W×$\ln^2$income、W×lnpop 等变量）共同发生作用。表中清楚地显示出当考虑了空间因素后，无论是化肥的 EKC 还是农药的 EKC，其拐点都发生了明显的下降。

表 5.15 化肥施用量的空间杜宾面板模型效应值

因变量	单位面积化肥施用量					
模型类别	时间与空间双固定效应			偏误修正后的双固定效应		
效应类别	直接	间接	总	直接	间接	总
lnincome	2.048 (0.000)	0.293 (0.049)	2.341 (0.000)	2.137 (0.000)	−0.080 (0.204)	2.059 (0.010)
$\ln^2$income	−0.112 (0.051)	0.056 (0.170)	−0.106 (0.094)	−0.116 (0.030)	0.004 (0.238)	−0.112 (0.060)
拐点	9355		10842	10101		9489
拐点均值	10098			9795		

数据来源：采用《三峡公报》、各区县统计年鉴数据和孙辉的空间面板程序包，通过 MATLAB 计算而得。

注：括号里的数值为其对应的 P 值。

由表 5.15 可以看出，在时间与空间双固定模型下，根据直接效应算出的化肥施用量的收入拐点要明显低于根据总效应算出的收入拐点：直接效应下计算的拐点为 9355 元，而总效应下计算的拐点为 10842 元。而在偏误修正后的双固定效应模型下，直接效应下计算的拐点为 10101 元，而总效应下计算的拐点为 9489 元。

由于化肥施用量的空间杜宾面板模型结果显示直接效应与总效应值均通过了 10% 的显著性水平，因此在考虑空间因素之后的化肥施用量的拐点我们取直接效应与总效应的均值：时间与空间双固定效应下，拐点均值为 10098 元；偏误修正后的双固定效应下，拐点均值为 9795 元；总均值为 9946 元。

与不考虑空间因素时的化肥施用量拐点 11122 元(见 5.3.2)相比，在空间自相关性的作用下，EKC 的拐点下降了，为 9946 元(见图 5.2)。

表 5.16　　　　　　　　**农药使用量的空间杜宾面板模型效应值**

因变量	单位面积农药使用量					
模型类别	时间与空间双固定效应			偏误修正后的双固定效应		
效应类别	直接	间接	总	直接	间接	总
lnincome	4.035	2.801	1.234	3.940	2.769	1.171
	(0.002)	(0.252)	(0.105)	(0.035)	(0.254)	(0.358)
$\ln^2 income$	−0.217	0.175	−0.042	−0.213	0.172	−0.042
	(0.052)	(0.360)	(0.295)	(0.091)	(0.054)	(0.671)
拐点	10907		24734	11302		17002

数据来源：采用《三峡公报》、各区县统计年鉴数据和孙辉的空间面板程序包，通过 MATLAB 计算而得。

注：括号里的数值为其对应的 P 值。

由表 5.16 中可以看出，根据直接效应算出的农药使用量的收入拐点要明显低于根据总效应算出的收入拐点。然而，表 5.16 中的结果显示，两种模型下计算出的间接效应和总效应都没能够通过显著性检验，因此依据总效应计算得到的化肥施用量拐点没有统计意义。本书对于农药使用量的空间面板估计拐点则直接采信于直接效应下的估计结果：时间与空间双固定效应下，拐点均值为人均纯收入 10907 元；偏误修正后的双固定效应下，拐点均值为人均纯收入 11302 元；总均值为人均纯收入 11104 元。

与不考虑空间因素时农药使用量的拐点 11775 元（见 5.3.2）相比，在空间自相关性的作用下，EKC 的拐点下降了，为 11104 元（见图 5.3）。

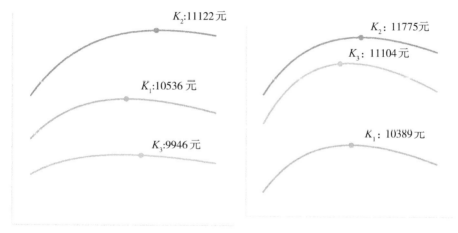

图 5.2　化肥的环境库兹涅茨曲线　　图 5.3　农药的环境库兹涅茨曲线

注：K_1、K_2、K_3 分别为不加入控制变量时、加入控制变量时和空间面板下的环境库兹涅茨曲线。图中数值为各曲线拐点。

整体而言，当研究忽略了空间因素的影响，会使判断出的贫困-生态相对状况比实际及预想中的要差（见 5.3 节中基于普通面板回归的部分结果）。三峡库区的地区空间自相关效应使各区县之间呈现"模仿趋同"的关系。当库区越来越重视绿色农业生产时，这种地区间的"模仿趋同"会使政策的普及与推动加快。空间面板回归结果显示，考虑空间因素后，农业 EKC 的拐点有所下降。随着贫困状况的缓解，当人均纯收入分别小于 9946 或 11104 元时，化肥和农药的投入量会继续增加，农业生态环境会持续恶化；随着减贫工作的深入，当人均纯收入超过 9946 或 11104 元，化肥和农药的投入量则会开始下降，农业生态环境将会好转。

5.5　本章小结

本章基于环境库兹涅茨曲线，通过普通面板模型、空间面板模型拟合三峡库区农业环境库兹涅茨曲线来分析三峡库区贫困对库区生态环境的影响，研究后发现：

(1) 三峡库区贫困与生态环境之间存在稳定的交互影响关系。根据格兰杰检验的结果，库区农民人均纯收入是单位面积化肥施用量、农药使用量与农膜使用量的格兰杰原因，而单位面积化肥施用量与农药使用量同样也是农民人均纯收入的格兰杰原因。从三峡库区整体看来，库区贫困变量与农业生态环境变量互为格兰杰原因，这在库区的农业区县中体现得尤为明显。由此可见，三峡库区贫困与生态环境间的交互影响是十分显著的。

(2) 三峡库区农用化学品中化肥与农药的 EKC 为倒"U"形曲线。普通面板回归估计和空间计量分析估计结果均显示：农用化学品的使用随着人均纯收入的增加先上升后下降，表示随着贫困状况不断缓解，农业生态环境会呈现先破坏后改善的趋势。除农膜使用量外，化肥施用量、农药使用量与农民人均纯收入之间相对关系都能拟合出倒"U"形的曲线。目前，不考虑空间因素时化肥施用量的拐点为 11122 元，农药使用量的拐点为 11775 元。而考虑空间因素后，化肥施用量的拐点为 9946 元，农药使用量的拐点为 11104 元。按 2017 年三峡库区各区县的人均纯收入统计数据看，仍有 56.3% 的区县还未达到化肥施用量的拐点，42.8% 的区县未达到农药使用量的拐点，即当前大部分区县的脱贫减贫，正付出着相对较高的生态代价。

(3) 三峡库区农业 EKC 走向稳定，但耕地面积下降和城乡差异扩大导致贫困缓解、生态好转的环境拐点向后延迟。本书的分析结果表明，在考虑了农业人口、耕地、农业投资、城乡差异、农业等控制变量后，三峡库区化肥施用量的拐点从人均纯收入 10536 元上升到人均纯收入 11122 元，而农药使用量的拐点从人均纯收入 10389 元上升到人均纯收入 11775 元。耕地面积的下降和城乡差异的扩大导致在贫困状况不变的情况下，农药和化肥投入增加，生态环境继续恶化。农业比重的增加，农业产业规模的扩张促使农民减少化肥的投放，而农业人口的减少和农业投资的减少促使农民增加农药的投入。

(4) 在农用化学品的使用上，三峡库区存在某种程度的空间"模仿趋同"关系，空间效应的存在使实际的贫困-生态相对状况好于预期。空间杜宾面板回归结果显示：W×lnfer 和 W×lnpes 为正值且通过了 1% 的显著性检验。这也就是说本地较高的农用化学品使用量会刺激临近区域的农用化学品投放。其中，邻近地区的城乡差异扩大带来的收入外溢效应会显著地影响本地区的化肥施用量，同时邻近地区的相关农业投资的增加可能会刺激本地加大农药使用量。考虑空间因素后，化肥施用量的拐点由 11122 元下降到 9946 元，农药使用量的拐点由 11775 元下降到 11104 元。即空间的"模仿趋同"关系使三峡库区理论上的环境拐点提前，加大减贫速率可能带来生态环境的更快好转。

第6章　三峡库区生态环境对贫困的影响：
农业生态效率视角

作为三峡库区贫困与生态环境之间交互影响关系研究的另一个有机组成部分，本章将从宏观视角进一步分析生态环境对三峡库区贫困的影响。在前文中，本书已经探讨了三峡库区贫困对生态环境的影响。前章分析发现，三峡库区农用化学品的环境库兹涅茨曲线呈现"倒 U 形"，目前 56.3% 的区县还未达到化肥 EKC 的拐点，42.8% 的区县未达到农药 EKC 的拐点，这说明当前库区农业生态与贫困之间的相对关系不容乐观。那么，反过来三峡库区的生态环境又会对贫困产生何种影响呢？三峡库区以传统农业为主，横跨重庆、湖北两省(市)，由于经济上分别受两省(市)的主导政策影响，26 个区县内部的发展模式和发展速度存在差异，农业生态投入-产出效率也各不相同。了解其内部的农业生态效率的差异性特征，有利于帮助政府能够有的放矢地部署和协调绿色发展战略。另外，本章还进一步探讨了库区农业生态效率异质性对贫困的影响，进而了解当地生态环境对三峡库区贫困的影响。这与第四章共同构成了三峡库区贫困与生态环境交互影响关系的研究。

农业生态效率本身解释了生态投入和经济产出之间的关系，初步揭示了生态-经济的内部转换机理。在这一基础上进一步研究农业生态效率与三峡库区贫困的关系，能更好地把生态保护与减贫结合起来，达到生态减贫的目的。

本章内容具体如下：首先，基于超效率 DEA 模型测度三峡库区农业生态效率。其次，基于 Multi-Stage 与 Malmquist 模型对库区生态效率进行分解，更深入地挖掘其生态驱动因素。最后，在此基础上，分析库区农业生态效率异质性对贫困的影响，并提出相关政策建议。

6.1　三峡库区农业生态效率分析

6.1.1　农业生态效率测度的方法

本书运用超效率 DEA 方法测算三峡库区农业生态效率。传统的 DEA 效率的测算值通常在 0~1 之间，测算结果显示出该方法存在一个缺陷，即可能出现多个评价单元同时处于前沿面，并且都相对有效的结果，而我们无法对这些相对有效的单元做出进一步的评价。对此 Adersen 提出了超效率 DEA 模型，在进行效率评价时，事先将要评价的决策单元排除在外。在该方法下，无效的决策单元由于生产前沿面不变，因此计算结果与传统 DEA 模型一致。但是对于有效决策单元，其会表现出超效率性：在效率值不变的情况下，投入假设按比例增加，超效率的评价值就是投入增加的比例。由此有效决策单元的生产前沿面后移，导致测定出的效率值会有大于 1 的情况。这种差异使得超效率 DEA 模型能够在相对有效决策单元之间进行比较得出效率的高低差异。

假定对 X 个地区分别进行评价，对于每一个地区而言，有 N 种农业生态效率的投入要素，对应的有 M 种因生态效率的投入而产生的产出。任何一个地区的投入集和产出集可分别表示如公式(6.1)和(6.2)所示：

$$x_k - (x_{1k}, \ x_{2k}, \ \cdots, \ x_{nk}) \tag{6.1}$$

$$y_k = (y_{1k}, \ y_{2k}, \ \cdots, \ y_{nk}) \tag{6.2}$$

相应的，超效率 DEA 模型的数学公式如公式(6.3)所示：

$$
\begin{cases}
\min\left[\theta - \varepsilon\left(\sum_{i=1}^{m} s_i^- + \sum_{r=1}^{s} s_i^+ \right) \right] \\[2ex]
\text{s.t.} \quad \sum_{\substack{j=1 \\ j \neq k}}^{n} X_{ij}\lambda_j + s_i^- \leqslant \theta X_0 \\[3ex]
\sum_{\substack{j=1 \\ j \neq k}}^{n} Y_j\lambda_j - s_r^+ = Y_0 \\[2ex]
\lambda_j \geqslant 0, \ j = 1, \ 2, \ \cdots, \ n, \ s_r^- \geqslant 0
\end{cases}
\tag{6.3}
$$

6.1.2　指标体系的确定

用 DEA 模型测算生态效率的目的在于判断区域是否已达到最小的投入与最大的

产出。而所谓提高"生态效率"，是指希望在经济生产中提高资源环境的投入产出性价比，即将资源投入最小化、环境代价最小化，而将社会经济回报最大化。本书借鉴德国环境经济账户中的生态效率指标，构建度量三峡库区农业生态效率的指标体系，以农业生产环境污染与农业资源消耗为投入指标，农业经济发展为产出指标（详见表6.1）。具体来说，在农业生产环境污染上，我们选择了三种主要的农用化学品：化肥、农药与农膜的使用量作为具体投入指标；在农业资源消耗上，分人力消耗、物力消耗和财力消耗三个方面，我们选择用农业人口、农业机械投入、农村用电量、农作物播种面积和农业投资作为具体投入指标；在产出上，我们以农业经济发展为产出方向，选择用农林牧副渔总产值、第一产业增加值和粮食产量作为具体产出指标。

本书的投入、产出数据来自2006—2017年共12年的《三峡公报》以及三峡库区各区县统计年鉴及国民经济和社会发展统计公报。三峡库区共有26个区县，由于渝中区城市化率为100%，缺乏农业相关数据，因此本章的研究范围为剔除渝中区后三峡库区的25个区县。本章所用到数据的研究区域（25个区县）与第五章中所用数据保持一致。因此，本书在三峡库区贫困与生态环境的交互关系研究上形成了更稳定的对应关系。

表6.1　　　　　　　　　　　三峡库区农业生态效率指标体系

指标	类别	具体构成	详细内容
投入	农业生产环境污染	化肥污染	化肥施用量
		农药污染	农药使用量
		农膜污染	农膜使用量
	农业资源消耗	人力消耗	农业人口
			农业机械投入
		物力消耗	农村用电量
			农作物播种面积
		财力消耗	农业投资
产出	农业经济发展	农业经济发展	农林牧副渔总产值
			第一产业增加值
			粮食产量

资料来源：笔者借鉴德国环境经济账户中的生态效率指标以及参考相关文献（陈傲（2008）[108]、韩瑞玲（2011）[109]、严茂超（2001）[112]等）而构建。

6.1.3　三峡库区农业生态效率的区域差异

　　表 6.2 是依据超效率 DEA 模型测算出的三峡库区 25 个区县的农业生态效率值。总体而言我们可将 25 个区县依据其农业生态效率平均值的高低划分为三种类型：相对高农业生态效率地区(沙坪坝区、北碚区、巫溪县、九龙坡区、南岸区，其平均值大于 1)，中等农业生态效率地区(大渡口区、夷陵区、江北区、江津区、云阳县、巴南区、奉节县、巫山县、长寿区、石柱县，其平均值在 0.8 到 1 之间)，相对低农业生态效率地区(秭归县、武隆区、兴山县、渝北区、万州区、忠县、开县、丰都、涪陵、巴东，其平均值在 0.5 到 0.8 之间)。

　　从库区的区域相对位置来看，库尾各区县的农业生态效率均值显著高于其他地区。具体来说，库首地区除夷陵区外，整体农业生态效率较低；库中地区除巫溪县外，整体生态效率同样较低；而库尾地区除渝北区以外排名整体靠前，农业生态效率较高。

表 6.2　　　　　　　　　三峡库区各区县农业生态效率

	区县	2006	2007	2008	2009	2010	2011	2012	2013	2014	2015	2016	2017	均值	排名
库首区域	夷陵	1.37	1.28	1.19	1.13	0.73	0.98	0.85	0.87	0.81	0.87	0.87	0.95	0.99	7
	秭归	1.09	0.44	1.1	1.23	0.8	1.15	0.34	0.53	0.52	0.5	0.34	0.55	0.72	16
	巴东	1.04	0.91	0.79	0.88	0.82	0.93	0.17	0.3	0.28	0.18	0.18	0.1	0.55	25
	兴山	0.64	0.67	0.8	0.82	0.66	0.57	0.47	0.61	0.74	0.62	0.7	0.75	0.67	18
库中区域	云阳	1.06	0.95	0.9	0.95	0.77	0.91	0.91	0.74	0.95	0.88	0.91	0.98	0.91	10
	忠县	0.58	0.51	0.52	0.52	0.66	0.61	0.63	0.71	0.72	0.65	0.73	0.75	0.63	21
	万州	0.99	0.91	0.91	0.06	0.64	0.87	0.76	0.47	0.49	0.59	0.42	0.48	0.63	20
	巫溪	1.14	0.95	1.07	1.16	0.99	1.17	1.28	1.22	1.17	1.04	1.21	1.03	1.12	3
	巫山	0.84	0.68	0.74	0.73	0.51	0.84	0.98	1.05	1.06	0.95	1.09	1.08	0.88	13
	武隆	0.78	0.64	0.69	0.71	0.6	0.7	0.74	0.74	0.59	0.65	0.68	0.7	0.69	17
	石柱	0.83	0.71	0.79	0.45	0.74	0.5	1.01	0.89	0.98	1.05	1.1	1.07	0.84	15
	开县	0.49	0.4	0.68	0.63	0.63	0.6	0.62	0.62	0.68	0.68	0.73	0.74	0.63	22
	涪陵	0.17	0.78	0.54	0.81	0.68	0.74	0.61	0.59	0.52	0.46	0.42	0.37	0.56	24
	奉节	0.99	1.02	0.52	0.91	1.02	0.8	0.91	0.91	0.86	0.87	0.94	0.93	0.89	12
	丰都	0.64	0.36	0.68	0.56	0.56	0.72	0.68	0.82	0.63	0.55	0.56	0.59	0.61	23

续表

	区县	2006	2007	2008	2009	2010	2011	2012	2013	2014	2015	2016	2017	均值	排名
库尾区域	沙坪坝	0.84	1.19	0.99	1.16	1.15	1.38	1.17	1.04	1.3	1.18	1.1	1.31	1.15	1
	渝北	0.64	0.8	0.73	0.73	0.59	0.57	0.47	0.6	0.64	0.57	0.65	0.64	0.64	19
	江北	1.78	1.77	1.01	0.82	0.44	0.96	0.75	0.67	0.69	0.77	0.88	1.3	0.99	8
	九龙坡	1	0.97	0.74	0.89	1.19	0.64	1.28	1	1.27	1.24	1.25	1.25	1.06	4
	大渡口	1.18	0.94	1.1	1.1	0.6	1.35	1.02	0.95	0.92	0.89	0.94	0.94	0.99	6
	江津	1.17	0.56	0.75	1.1	0.93	1.02	0.96	1.01	0.99	0.94	0.99	1.02	0.95	9
	南岸	1.27	0.71	1.21	1.18	1.16	0.74	1.12	0.95	0.9	1.1	1.09	0.98	1.03	5
	长寿	1.04	0.76	0.87	0.9	0.79	0.75	0.94	0.87	0.84	0.84	0.93	1.01	0.88	14
	巴南	0.99	0.82	0.82	0.87	0.85	0.76	0.85	0.95	0.93	0.96	1.02	1.07	0.91	11
	北碚	1.41	1.05	1.01	0.45	0.94	1.24	1.11	1.11	1.28	1.39	1.34	1.25	1.13	2

数据来源：《三峡公报》和各区县统计年鉴数据，通过 EMS13.0 计算分析而得。

对于处于相对高农业生态效率地区的北碚区、九龙坡区等，这一测算结果与实际情况是相符的。比如北碚区，其位于重庆市城郊接合部，近年来大力发展农业经济与校园经济，关停了许多高污染、高排放的企业，积极推广生态农业生产，以满足重庆市及周边地区的生产生活需求。而重庆市又是三峡库区经济发展的领头羊，经济发展好，生态效率高。又比如巫溪县，其旅游资源丰富，目前旅游配套设施相对完善，其地区经济发展主要依托于旅游经济与农业经济，而生态农业的发展又有利于保持当地山清水秀的自然景观，两者之间相辅相成，互为促进，由此可见保有高生态效率的农业发展势头对于实现这些地区环境保护与农业旅游经济发展的双赢十分必要。

对于处于中等农业生态效率地区的夷陵区、江津区、长寿区等地，其主要位于宜昌市与重庆市的远郊区，原来为农村，近年来随着城市区划的重新划分，才被并入城市，经济发展较主城区来说相对缓慢，但由于受到主城区经济发展势头的带动，经济发展十分迅速。这些地区的农业发展为城镇居民提供了丰富的农产品，需要稳定住良性的发展势头，更坚定地走绿色农业的可持续发展道路。

对于处于相对低农业生态效率地区的忠县、万州、武隆等地，其大多位于库中地区，分布于湖北省与重庆市的交接地带。三峡库区多崇山峻岭，可耕地资源有限。随着三峡工程的蓄水,大量原来位于江边的肥沃农田被淹,导致土壤的肥力与可耕种面积都不甚理想,农业发展条件愈来愈恶劣。在缺乏土地,又无其他生计来源的情况下,农民只能加大农用化学品投入,超额透支自然资源以获得回报。巴东县和秭归县在这一类别地区中经济发展相对较落后,如一直维持农业生态低效率发展,则有可能陷入生态与经济发展的恶性循环。因此必须调整产业结构,改变生计模式,从根源上遏制农业生产污染及环境破坏。

6.2 三峡库区农业生态效率的分解

6.2.1 三峡库区农业生态效率 Malmquist 指数及其分解

为了从效率变动要素的角度更好地分析三峡库区 25 个区县的农业生态效率变化趋势,本书采用 Malmquist 指数和所有区县 2002—2013 年的面板数据,来对效率变动状况进行研究。

1. 三峡库区各区县农业生态效率的 Malmquist 指数

本书首先以区县为单位,计算年均农业生态效率的 Malmquist 指数并进行分解,结果如表 6.3 所示。

由表 6.3 可见,2006—2017 年三峡库区各区县的全要素生产率 TFP 均值大于 1,其中增长率均值为 2.4%。所有指标中,只有技术进步在增长,年均增长率为 3.8%。而其余指标的增长率均呈现负增长的趋势,综合技术效率、纯技术效率和规模效率年均分别下降 1.3%、0.1% 和 1.3%。从各个区县来看,沙坪坝、巫溪、南岸的 TFP 增长最快,其 TFP 增长率分别为 22.6%、12.1% 和 12.0%。而由前文分析可知,巫溪既属于农业生态效率较高区域,同时又属于规模经济递增区域,其农业发展前景比较乐观。武隆、兴山和云阳的 TFP 增长是最低的,其 TFP 增长率分别为-9.6%、-7.3% 和-6.2%,可见这三个地区的农业生态效率恶化速度很快,情况愈来愈差。从各指标贡献上看,技术进步是促进农业生态效率提升的主要动因,其中技术进步增长最为迅速的是沙坪坝、夷陵与巫溪,其增长率分别为 22.60%、20.50% 和 12.1%。从规模效率上看,三峡库区有 52% 的区县规模效率值小于 1，总体均值同样小于 1，意味着库区整体规模效率在逐渐减小。

表 6.3　　　　　　　　　　各区县 Malmquist 指数及其分解

	firm	综合技术效率 Effch （EC＝PE×SE）	技术进步 Techch（TC）	纯技术效率 Pech（PE）	规模效率 Sech（SE）	全要素生产率 Tfpch （TFP＝EC×TC）
库首区域	夷陵	1.000	1.205	1.000	0.911	1.105
	秭归	0.941	1.009	0.912	1.032	0.950
	巴东	0.996	1.022	1.005	0.991	1.018
	兴山	0.993	0.934	0.999	0.994	0.928
库中区域	云阳	0.990	0.948	0.993	0.997	0.939
	忠县	1.000	1.024	1.000	1.000	1.024
	万州	0.980	1.006	1.028	0.953	0.986
	巫溪	1.000	1.121	1.000	1.000	1.121
	巫山	0.970	1.102	1.006	0.964	1.069
	武隆	0.899	1.005	0.983	0.915	0.904
	石柱	0.929	1.025	1.009	0.921	0.953
	开县	1.003	1.066	1.003	1.000	1.069
	涪陵	1.000	1.008	1.000	1.000	1.008
	奉节	0.922	1.039	1.000	0.922	0.958
	丰都	1.021	1.027	1.000	1.021	1.049
库尾区域	沙坪坝	1.000	1.226	1.000	1.000	1.226
	渝北	0.984	1.008	1.001	0.983	0.992
	江北	1.023	0.988	1.022	1.001	1.011
	九龙坡	0.991	1.098	1.000	0.991	1.088
	大渡口	1.021	0.990	1.021	1.000	1.011
	江津	0.981	1.025	1.000	0.981	1.006
	南岸	1.012	1.107	1.000	1.012	1.120
	长寿	1.014	0.968	1.000	1.014	0.982
	巴南	1.000	1.071	1.000	1.000	1.071
	北碚	0.996	1.022	1.005	0.991	1.018
	均值	0.987	1.038	1.000	0.987	1.024

数据来源：《三峡公报》和各区县统计年鉴数据经过标准化处理后，通过 MaxDEA 计算分析而得。

2. 三峡库区各年度农业生态效率的 Malmquist 指数

表 6.4 为三峡库区 25 个区县 2006—2017 年共 12 年的 Malmquist 指数情况，结果显示农业生态效率在 2006—2012 年始终保持增长，其增长率在 2006—2007 年为 2.2%，直到 2011—2012 年，仍有 1.7%。然而，2012 年以后，农业生态效率开始下降，2013—2014 年，其增长率为-10.9%。2014 年后农业生态效率又重新开始增长态势，2016—2017 年其增长率为 1.20%。技术进步仍然是全要素生产率增长的主要推动因素，其均值为 1.043。因此，农业生态效率的增长和发展主要依赖于技术进步这一要素。

表 6.4　　　　　　　　　各年度 Malmquist 指数及其分解

Year	综合技术效率 Effch（EC＝PE×SE）	技术进步 Techch（TC）	纯技术效率 Pech（PE）	规模效率 Sech（SE）	全要素生产率 Tfpch（TFP＝EC×TC）
2006—2007	1.011	1.011	1.029	0.982	1.022
2007—2008	1.017	1.024	0.997	1.020	1.041
2008—2009	0.935	1.086	0.942	0.992	1.015
2009—2010	1.006	1.214	1.002	1.004	1.221
2010—2011	0.978	1.104	0.981	0.997	1.080
2011—2012	1.004	1.013	1.002	1.002	1.017
2012—2013	1.007	0.872	1.013	0.994	0.878
2013—2014	0.865	1.030	0.981	0.882	0.891
2014—2015	0.990	1.079	1.006	0.984	1.068
2015—2016	0.990	1.020	0.981	1.009	1.010
2016—2017	0.997	1.015	1.001	0.996	1.012
均值	0.982	1.043	0.994	0.988	1.023

数据来源：《三峡公报》和各区县统计年鉴数据经过标准化处理后，通过 MaxDEA 计算分析而得。

6.2.2　各区县规模效率变动及投入冗余分析

1. 三峡库区生态效率规模效率变动及其分解

为了从投入-产出的角度了解库区的规模效率变动情况，本书运用 25 个区县

2006—2017 年的面板数据，采用 Multi-Stage 模型计算了规模效率变动值，并分析了其综合效率、纯技术效率、规模效率变动状况，如表 6.5 所示，以了解各区县农业生态效率中规模效率变化的差异。

由表 6.5 可见，巴东、万州、石柱、开县、涪陵、江津以及长寿等地呈现规模效率递减的状况，而夷陵、巫溪、奉节、九龙坡与北碚等地则呈现规模效率递增的状况。对于规模效应递减的区域而言，在当前的产出情况下，投入要素有冗

表 6.5　　　　　　　　　　　各区县规模效率变动及其分解

	区县	综合效率	纯技术效率	规模效率	规模效率变动
库首区域	夷陵	0.805	0.903	0.892	irs
	秭归	1	1	1	—
	巴东	0.854	0.936	0.912	drs
	兴山	1	1	1	—
库中区域	云阳	1	1	1	—
	忠县	1	1	1	—
	万州	0.714	0.742	0.963	drs
	巫溪	0.97	0.977	0.993	irs
	巫山	1	1	1	—
	武隆	1	1	1	—
	石柱	0.905	0.91	0.995	drs
	开县	0.825	1	0.825	drs
	涪陵	0.783	0.788	0.994	drs
	奉节	0.987	0.992	0.995	irs
	丰都	1	1	1	—
库尾区域	沙坪坝	1	1	1	—
	渝北	1	1	1	—
	江北	1	1	1	—
	九龙坡	0.764	0.805	0.949	irs
	大渡口	1	1	1	—
	江津	0.897	0.921	0.974	drs
	南岸	1	1	1	—
	长寿	0.811	0.869	0.933	drs
	巴南	1	1	1	—
	北碚	0.778	0.779	0.999	irs

数据来源：《三峡公报》和各区县统计年鉴数据经过标准化处理后，通过 MaxDEA 计算分析而得。

余，可能存在部分资源过度投入或浪费的问题。对于规模效应递增的区域而言，则要从两方面分析，如果决策单元可决定相关投入因素，则考虑适当减少投入；如果决策单元可决定相关产出因素，则考虑尽可能增加产出。

2. 三峡库区农业生态效率各要素投入冗余分析

本书将产出视作各要素投入经农业生态效率作用后得到的结果，将投入视作可控变量，产出视作不可控变量，以分析三峡库区各要素的投入冗余状况。

由表 6.6 可分别看出三峡库区规模效应递减区域和规模效应递增区域的投入冗余状况。对于规模效应递减区域而言，人力、物力、财力以及农用化学品均有

表 6.6　　　　　　　　　三峡库区各区县投入及产出分析

分类	区县	农用化学品冗余				人力冗余	物力冗余			财力冗余	产出不足
		(radial movement 值 + slack movement 值)									slack movement 值
		农药	化肥	农膜	农用化学品冗余占比	农村人口	农村机械投入	农作物播种面积	农村用电量	农业投资	经济产出
规模效应递减区域	巴东	−0.215	−0.18	−0.133	73.69%	−0.012	−0.107	−0.01	−0.01	−0.002	—
	万州	−0.196	−0.15	−0.121	44.99%	−0.235	−0.119	−0.039	−0.02	−0.01	—
	石柱	−0.065	−0.04	−0.094	36.71%	−0.028	−0.101	−0.047	−0.004	−0.001	—
	开县	−0.225	−0.25	−0.156	48.82%	−0.126	−0.074	−0.153	−0.119	−0.026	—
	涪陵	−0.178	−0.26	−0.251	66.77%	−0.051	−0.062	−0.004	−0.101	0	—
	江津	−0.102	−0.119	−0.139	43.94%	−0.087	−0.092	−0.001	−0.101	−0.001	—
规模效应递增区域	夷陵	−0.223	−0.129	−0.105	50.21%	−0.021	−0.118	−0.061	−0.117	−0.032	0.092
	巫溪	−0.186	−0.129	−0.11	76.09%	−0.05	−0.003	−0.041	−0.001	−0.004	0.034
	奉节	−0.011	−0.102	−0.287	29.97%	−0.149	−0.111	−0.003	−0.001	0	0.087
	九龙坡	−0.121	−0.213	−0.098	73.25%	−0.057	−0.043	−0.012	−0.010	0	0.063
	北碚	−0.103	−0.029	−0.013	22.15%	−0.095	−0.128	−0.061	−0.179	−0.001	0.012

数据来源：《三峡公报》和各区县统计年鉴数据经过标准化处理后，通过 MaxDEA 计算分析而得。

冗余产生，其中冗余情况最为严重的是农用化学品。该区域范围内区县农用化学品冗余比例均超过 30%，巴东冗余比例最高，为 73.69%，而石柱冗余比例最低，但是也达到了 36.71%。农用化学品的冗余情况严重，意味着在当前规模效应递减的趋势下，农业生产污染的增大非但不能带来超额的农业产出收益，反而反映了在当前的产出条件下，农用化学品投入过大，造成污染扩大，环境代价太高。

对于规模效应递增区域而言，一方面，在投入要素不变的情况下，目前这些区域存在产出不足的问题，其中夷陵、奉节、九龙坡的产出提升空间相对较高，其 slack movement 分别为 0.092、0.087 和 0.063。在这种情况下应该想办法促进经济产出的提升，发展高效农业。对于奉节与九龙坡来说，农业投资还可进一步增加，尚有投入的空间。另一方面，在产出无法扩大的情况下，该区域的区县可以通过投入的减少，同样实现投入-产出的高效。在这一区域中，农用化学品的冗余情况依旧突出，其中夷陵、巫溪、九龙坡的冗余比例超过 50%，分别为 50.12%、76.09% 和 73.25%。总体而言，当前生产环境下投入的资源过多，带来了严重的污染，环境代价高昂。

6.3　三峡库区农业生态效率对贫困的影响

上节已经通过超效率 DEA 方法获得各个区县的农业生态效率值，可以明显看出三峡库区农业生态效率值的分布特点，那么进一步而言，农业生态效率异质性会对三峡库区贫困产生什么样的影响？这值得我们进一步探究。

6.3.1　模型的构建

目前少有学者研究农业生态效率与地区贫困之间的关系，而在进行变量关系研究时学者也多假定某些变量对某一变量的影响在所有个体间都是相同的。这种假定刻意忽略了在不同个体间存在的差异性，虽然让研究变得易于开展，但容易造成估计结果的偏误。本书中，面板数据中的截面指的是不同地区。由于三峡库区各区县文化环境和地理环境类似，因此截面间极有可能存在相关性。如果不考虑这一问题，直接使用平衡面板对数据进行分析，难保不会影响到估计结果的准确性。综上所述，本书采用三峡库区 26 个区县 2006—2017 年 12 年的数据所构成的平衡面板，采用异质性回归系数面板数据模型，在考虑截面相关性的基础上，研究三峡库区农业生态效率异质性对当地贫困的影响，并在此基础上提出切实的政策建议。

在分析库区农业生态效率对于三峡库区贫困的具体影响时，我们考虑相关变量，构建以下模型，如公式(6.4)所示。

$$\ln P_{it} = \alpha_{1i} \ln \mathrm{Eco}_{it} + \alpha_{2i} \ln \mathrm{Ind}_{it} + \alpha_{3i} \ln \mathrm{Civ}_{it} + + \alpha_{4i} \ln \mathrm{Dif}_{it} + v_i + \varepsilon_{it} \qquad (6.4)$$

上式中，(1)被解释变量 P_{it}，表示三峡库区人口贫困状况，以农民人均纯收入作为表征变量。收入线是我国在测度贫困时使用最广泛的测度指标。(2)解释变量 Eco_{it}，表示农业生态效率，采用前文中利用超效率 DEA 测度出的各区县农业生态效率值来表征。(3)控制变量 Ind_{it}，表示产业结构，以各区县第一产业占比表征。第一产业占比越高，则该区县对农业经济的依赖度越高，张士永和李德新(2012)[190]的研究表明，目前我国尚未实现农业规模化的发展，大多数农业生产还是以家庭经营为主，结构单一，投入粗放，不够科学，农业减贫速率相较其他产业来说较为缓慢。④控制变量 Civ_{it}，表示城市化率，用总人口中城市人口占比测度。城市人口比重提高，城市数量增加、规模扩大，都会促使城市文明向农村扩散。马良灿(2013)[191]发现城市化的健康发展有利于产生地区溢出效应，促进农村生产技术和生产方式改善，缓解贫困。(5)控制变量 Dif_{it}，表示城乡差异，用各区县农村人口收入与城镇人口收入的比值测度。毛伟和李超等(2013)[192]在研究收入不平等与政府干预减贫的门槛特征时发现农民通过农业生产赚取收入，获得经济收益，但城乡差异加大，收入不平等情况加重会制约农业现代化的发展，不利于减贫脱贫。

6.3.2 检验方法

本书在实证检验库区生态效率异质性对贫困的影响时，会运用到以下检验方法。

1. 截面相关检验

截面相关性的判别依据是看误差项是否相关。截面相关性的产生是因为影响被解释变量的一些成分(比如扶贫政策等)没有被作为解释变量引入模型之中，从而构成了误差项。忽略截面相关会使得在固定效应与随机效应两种模型下最终得到有偏且非一致的估计量。因此我们必须进行截面相关性（cross-sectional dependence）检验，以防由于截面相关性的存在而产生有偏误的回归结果。

平衡面板数据检验模型为：

$$y_{it} = \alpha_i + \beta' x_{it} + \mu_{it} \tag{6.5}$$

上式中，x_{it} 是 $k \times 1$ 维自变量，β 是待估参数，α_i 是时期不变的个体效益。该检验的原假设对所有样本和时期是独立分布的，备选假设为时期存在截面相关，但不存在序列相关。基于以上模型和假设，Pesaran 提出了截面相关性检验的方程式：

$$CD = \sqrt{\frac{2T}{N(N-1)}} \left[\sum_{i=1}^{N-1} \sum_{j=i+1}^{N} \hat{\rho}_{ij} \right] \tag{6.6}$$

在 $N \to \infty$，T 足够大时，不存在界面相关的零假设为：$CD \xrightarrow{d} N(0, 1)$。

2. 异质性斜率系数面板数据模型估计

（1）组均值估计（MG）

不同假定下的模型估计方法会使面板数据模型的估计结果存在较大差异。这里主要有两种情况，我们须根据满足条件选择适合的模型估计方法：如果待估计参数满足同质性假设（即有 $\beta_{1i} = \beta_1$，$\beta_{2i} = \beta_2$，$\beta_{3i} = \beta_3$，$\beta_{4i} = \beta_4$），那么模型估计可使用混合回归法或固定效应模型等标准面板数据模型估计方法；如果待估参数（即 β_{1i}，β_{2i}，β_{3i}，β_{4i}）均不相等，那么可以采用组均值（mean group，简称 MG）这样的异质性斜率面板数据模型估计方法。

组均值估计假设所有面板的所有系数和扰动项都是不同的，首先对每个个体使用最小二乘估计法进行估计以得到回归系数，然后求得所有回归系数的平均值。如果时期 T 和样本 N 都比较大，那么对于异质性斜率系数面板数据可以采用组均值来进行估计。但必须指出的是，该方法因为忽略了截面相关性，所以各个体之间的共同因素作用没有被纳入考虑，比如扶贫政策，技术进步等。这一共同作用会与样本选择的特定时期相关联，最终作用到所有的单个个体，导致个体间一定会存在截面相关性。

（2）共同相关效应组均值估计（CCEMG）

　　由 Pesaran 提出的共同相关效应组均值(common correlated effects mean group,
CCEMG)估计量同时考虑了截面相关性和异质性斜率系数。CCEMG 估计量计算
了因变量和自变量的截面平均值,而截面平均值可以解释了潜在的共同因素的作
用及影响,从而截面相关性的问题得以解决。该估计量对斜率系数也进行了类似
处理。众多学者的研究经验表明在面对数据结构突变、不存在协整关系,以及部
分序列相关等问题时,CCEMG 模型均可以获得稳健的回归结果。

　　对异质性面板数据模型,假定模型形式为:

$$y_{it} = \beta_i x_{it} + \mu_{it} \tag{6.7}$$

$$\mu_{it} = \alpha_{1i} + \lambda f_t + \varepsilon_{it} \tag{6.8}$$

$$x_{it} = \alpha_{2i} + \lambda f_t + \gamma_i g_t + e_{it} \tag{6.9}$$

　　式(6.7)中,$i = 1, \cdots, N$,$t = 1, \cdots, T$,x_{it}、y_{it} 分别为自变量和因变量的
观测值,β_i 为个体特定的自变量回归系数,μ_{it} 包含未观测部分和误差项 ε_{it}。式
(6.8)主要描述未关测部分的构成:组间时不变异质性的组固定效应 α_{1i}、时变
异质性的未察共同因素 f_t 和截面相关的异质性负荷因子 λ,其中因子 f_t、g_t 可能
是非线性和非平稳的。考虑到几个自变量可能由一些共同因素驱动,式(6.8)、
式(6.9)中 f_t 囊括了导致估计方程中存在内生性问题的因素:ε_{it}、e_{it} 假定为白噪
声。为简化处理,上述模型中均只包含一个自变量和一个未观测共同成分。

　　首先,所有组均值类的估计量都是采用最小二乘法分别对 N 个组进行估计,
以计算每个组估计系数的平均值。共同相关效应组均值估计量还须增加一个特定
方程组来实现均值的求解:除了自变量 x_{ij} 和截距项,方程组还将因变量和自变
量的截面均值($\bar{y}_i$ 和 $\bar{x}_i$)也作为自变量,并用他们来解释未察共同因素 f_t。由于
在所有的组别间都能进行独立估计,因此可通过比较结果来得到异质性影响 λ。
然后,计算所有观测变量的截面均值 $\bar{y}_i$ 和 $\bar{x}_i$,并作为 N 个回归方程中的自变量
$\bar{\beta}_i$。最后,对所有的面板间的估计系数求均值。

6.3.3　实证检验结果

1. 截面相关性及单位根检验

单位根检验的前提是不存在截面相关性。那么,一旦序列存在截面相关性,

单位根检验就会无效。所以我们必须先对截面相关性进行检验，Pesaran 的 CD 检验的结果表明：在 10% 的显著性水平下，拒绝了原假设，变量 $\ln P_{it}$、$\ln Eco_{it}$、$\ln Ind_{it}$、$\ln Civ_{it}$、$\ln Dif_{it}$ 不存在截面相关性。

由表 6.7 与表 6.8 的检验结果可见 CIPS 检验分析（$Z(t)$）对序列平稳性的影响，发现除 $\ln P_{it}$ 常数项、趋势项和一阶滞后项外，其他的序列均采用包含常数项和一阶滞后项的方程进行估计。CIPS 检验结果表明：在 10% 的统计水平上，接受了原假设：每个序列都存在单位根。换言之，除了城乡差异 $\ln Dif_{it}$ 外，其余各变量之间都存在截面相关性，且各序列为非平稳序列。如果本书采用常规的面板数据模型估计方法，估计结果一定会存在偏误。

表 6.7　　　　　　　　　　　变量相关系数

	库区贫困	农业生态效率	产业结构	城市化率	城乡差异
库区贫困	1				
农业生态效率	0.305	1			
产业结构	-0.058	-0.024	1		
城市化率	0.293	0.032	-0.516	1	
城乡差异	-0.382	-0.143	0.147	0.352	1

数据来源：表中数据根据 EViews8.0 统计计算汇总而得。

表 6.8　　　　　　　　　　　截面相关性及单位根检验

变量	CD 检验	P 值	相关系数	系数绝对值	CIPS 检验	P 值
InEco	76.820	0.000	0.793	0.802	-0.832	0.205
InInd	92.130	0.000	0.942	0.942	-0.192	0.382
InCiv	28.310	0.000	0.437	0.583	-0.723	0.217
InDif	87.840	0.000	0.943	0.942	-1.239	0.073

数据来源：表中数据根据 EViews8.0 统计计算汇总而得。

2. 模型估计结果

根据不同的假设条件，我们采用了四种面板模型估计方法，以进行结果比较，分别为混合最小二乘估计（POLS）、固定效应模型（FE）、组均值估计（MG）、共同相关效应组均值估计（CCEMG）。评判模型的拟合优度是看残差是否平稳。本书采用 CD 检验对各回归方程估计所得残差进行截面相关性检验，采用 CIPS 检验对残差进行平稳性检验（见表 6.9 最后一行）。表 6.9 是各模型下估计结果与拟合效果的对比。

表 6.9 生态效率对库区贫困的影响

变量	混合最小二乘法（POLS）	固定效应模型（FE）	组均值估计（MG）	共同相关效应组均值估计（CCEMG）
InEco	0.403**	0.382*	0.319**	0.485*
	(0.023)	(0.052)	(0.042)	(0.079)
InInd	−0.084	−0.043	−0.353*	0.254*
	(0.134)	(0.263)	(0.084)	(0.075)
InCiv	0.274*	0.395	0.031	0.402
	(0.089)	(0.103)	(0.392)	(0.277)
InDif	−0.462	−0.539*	−0.476*	−0.502*
	(0.120)	(0.082)	(0.088)	(0.057)
C	1.864*	1.934**	1.683*	2.493*
	(0.073)	(0.023)	(0.074)	(0.092)
RMSE	0.374	0.173	0.237	0.110
CD 检验（P 值）	0.000	0.000	0.000	0.230
CIPS 检验（P 值）	0.348	0.423	0.000	0.000

注：*、**、***分别表示系数在 10%、5% 和 1% 的水平上显著，括号内为 P 值。
数据来源：表中数据根据 EViews8.0 统计计算汇总而得。

由表 6.9 可以得到以下几点结论：

（1）以混合最小二乘法进行估计，CD 检验结果显示各残差序列具有相关性。而 CIPS 检验则证实残差序列非平稳，因此该模型的拟合优度较差。由于截面相关性在固定效应模型的估计中是没有被纳入考虑的，因此在 FE 的估计结果中，残差序列依然是截面相关的且非平稳的，其拟合优度依旧较差。由于以上两种模型的估计效果均不理想，本书继而采用组均值估计（MG）方法来进行估计。结果显示，残差序列是平稳的，但其截面相关性依然存在。总体而言，采用异质性回归系数模型能使残差序列变得平稳，改善了拟合效果，但仍没有消除截面相关性。

（2）以共同相关效应组均值（CCEMG）方法进行估计，CD 检验结果显示残差序列不相关，而 CIPS 检验证实残差序列平稳。对比来看，CCEMG 模型的估计结果不仅拟合优度较好，而且均方根误差（RMSE）也是最小的。从回归系数来看，对农业生态效率与城乡差异这两个因素而言，各系数的符号及显著性与固定效应模型（FE）、组均值模型（MG）一致，系数所显示的影响方向和大小也比较接近。在 10% 的显著性水平上，农业生态效率每增加 1%，农民人均纯收入上升 0.485%；同时，城乡差异每增加 1%，农民人均纯收入下降 0.502%。

6.4　本章小结

本章基于生态效率理论，以超效率 DEA 模型分析了库区农业生态效率的变化，以 Malmquist 指数以及 Multi-Stage 模型对农业生态效率进行了分解，以基于考虑截面相关的异质性回归系数面板数据模型分析了库区农业生态效率的异质性对库区贫困的影响，结果显示：

（1）库中农业生态效率显著低于库首与库尾。属于库中地区的忠县、万州、武隆等地，其农业生态效率平均值在 0.5 到 0.8 之间，农业生态效率相对较低。此外，奉节县、巫山县、长寿区、石柱县，其平均值在 0.8 到 1 之间。这说明库中地区整体农业生态效率较低，与库首、库尾相比存在较大差距。

（2）无论是规模效应递减区域还是规模效应递增区域，农用化学品投入产生的冗余均很突出。农用化学品冗余最低占比为 22.15%，最高占比达到 76.09%。在库区当前的农业生产状况下，为获得既定产出所投入的农用化学品，诸如农药以及化肥是严重过量的，生态环境代价较高。特别对于巴东、万州、涪陵等地而言，农用化学品的投放呈现规模效应递减的趋势，使得农业生产的效率降低，绿色农业亟待开发。

（3）技术进步对于全要素生产效率的提高起主要推动作用。无论从空间均值还是从时序均值的结果来看，技术进步的均值均大于1(各区县技术进步均值为1.038，各年度技术进步均值为1.043)，而其他因素的均值均小于1，因此技术进步是推动农业生态效率提高的主要动因。

(4)农业生态效率的异质性对库区贫困产生了显著影响。在 POLS、FE、MG、CCEMG 四种模型的估计下，库区中某一地区农业生态效率越高，其人口贫困状况越能得到缓解。四种模型中，以共同相关效应组均值(CCEMG)方法的估计结果最为稳健。结果显示，在 10% 的显著性水平下，农业生态效率每增加1%，农民人均纯收入上升0.485%；同时，城乡差异每增加1%，农民人均纯收入下降0.502%。

第 7 章 结论与建议

7.1 研究结论

本书在总结和运用可行能力理论、环境库兹涅茨曲线、生态效率理论、DSR模型和绿色减贫理论的基础上，开展了如下两大主体的实证研究：（1）将生态环境作为三峡库区贫困中的构成要素，从微观与宏观两个层面对三峡库区贫困进行测度并初步探索了三峡库区贫困与生态环境的交互作用。首先，本书基于双界线法，构建多维贫困评估指标体系对三峡库区贫困进行微观测度，并在此基础上分析其贫困致因；其次，从生态减贫视角，基于DSR模型分析三峡库区生态环境与社会经济发展之间的互动关系，通过构建三峡库区综合减贫指数指标体系，对三峡库区贫困进行宏观测度，并利用BP神经网络、空间自相关分析、GIS等手段分析三峡库区贫困压力的时空分异。在此基础上，采用脱钩分析方法探索三峡库区贫困与生态环境之间的耦合关系。（2）构建模型具体分析三峡库区贫困与生态环境间的交互影响。首先，本书采用面板格兰杰因果检验验证了三峡库区贫困与生态环境存在长期均衡的交互影响作用；其次，利用普通面板回归模型和空间面板回归模型进行对比分析，并引入空间变量，以构建研究三峡库区贫困对生态环境影响的库区农业EKC分析的新框架。最后，基于生态效率理论，进一步分析三峡库区农业生态效率的发展及其效率驱动的关键因素，并基于CCEMG模型分析三峡库区农业生态效率对贫困的影响。通过理论分析和实证检验，本书得出以下结论：

（1）资产贫困、教育贫困和卫生贫困是当前移民贫困的三大表现，其中失地、卫生、饮用水矛盾突出，生态环境问题不容小觑。实证结果表明：在资产贫困中失地致贫问题尤为严重，其呈现恶化趋势并严重影响移民生计。土地贫困贡献率为29.52%，贫困距由移民前的0.42上升到了移民后的0.82，贫困深度由移民前的0.18上升到了移民后的0.67。土地数量和质量的双降，加大了库区生态压力。在教育贫困中，中老年教育贫困的困境比较突出。教育的贫困贡献率为17.96%。并且，三峡库区劳动力平均受教育程度整体偏低。在卫生贫困中，仍有9.17%的移民没有医疗保险，19.58%的移民没有养老保险。家庭医疗支出占比对移民贫困剥夺维度产生显著影响，因病致贫问题突出。移民后在存在多维贫困的贫困人口中，分别有39.58%和42.08%的移民依旧存在卫生和饮用水的贫困。土地、卫生、饮用水等均会影响到库区移民生态环境，在无法得到保障的情况下，库区生态减贫的推进就会困难重重。

（2）三峡库区扶贫压力正在不断降低，但当前资源环境承载力的不足导致减贫与生态环境还未到达良性互动的阶段。并且库区绿色减贫压力的地区差异明显，库首地区呈现两极分化趋势，库中地区贫困"塌陷"，库尾地区出现"恶性循环"。实证结果表明：三峡库区扶贫压力在减轻的同时，76%的区县的贫困减少伴随着生态环境破坏。库区综合减贫指数均值从2011年的2.084一路上升至2016年的4.112，2017年下降至3.745。综合减贫指数越高，绿色减贫压力越低，这表明三峡库区的绿色减贫压力正在逐渐降低，可是目前仍有76%的区县呈现"挂钩发展"（即库区贫困在减少，同时生态环境却在逐渐恶化）。三峡库区生态环境脆弱，资源环境承载力恐难负荷这样发展模式下的资源消耗。但在库首地区，夷陵区与秭归县已经实现"绝对脱钩"（即减贫和生态环境均向好发展）。与此同时，两地的绿色减贫压力较小。而巴东县2011—2017年的综合减贫指数最大值却仅为2.2550，远低于库首地区均值，与库中部分区县一起形成集中连片贫困区。在库中地区，2011年时71.4%的区县位于绿色减贫压力较高区域，而巴东、巫山、奉节、云阳等地以连片贫困形式出现。在库尾地区，九龙坡区、沙坪坝区、南岸区、江北区、大渡口区已经或曾经出现了"强复钩"状态（即生态环境不断恶化，地区贫困也未能缓解），意味着重庆主城区部分区域出现了"生态—贫困恶性循环"的苗头。

（3）在农用化学品的使用上，三峡库区存在某种程度的空间"模仿趋同"关系，空间效应的存在使实际的贫困-生态相对状况好于预期。实证结果表明：将空间因素纳入农业环境库兹涅茨曲线的分析后，空间杜宾模型显示，W×lnfer 和 W×lnpes 为正值且通过了 1% 的显著性检验。这也就是说本地较高的农用化学品使用量会刺激临近区域的农用化学品投放。其中，邻近地区的城乡差异扩大带来的收入外溢效应会显著地影响本地区的化肥施用量，同时邻近地区的相关农业投资的增加可能会刺激本地的农村人口加大农药使用量。与普通面板回归结果相比较，考虑空间因素后，化肥施用量的拐点由农民人均纯收入 11122 元下降到 9946 元，农药使用量的拐点由农民人均纯收入 11775 元下降到 11104 元。即空间的"模仿趋同"关系使三峡库区理论上的环境拐点提前，加大减贫速率可能带来生态环境的更快好转。

(4) 三峡库区农业生态效率的规模效率逐渐降低，农业生产化学品投入产生的冗余突出，为获得农业经济产出所付出的环境代价过高，不利于库区绿色减贫。实证结果表明：从规模效率上看，三峡库区有 52% 的区县规模效率值小于 1，这意味着在农业生态效率发展的过程中，库区整体规模效率在逐渐降低。农用化学品冗余最低占比为 22.15%，最高占比达到 76.09%。这意味着在当前的生产情境下，为获得既定的农业经济产出所投入的农药以及化肥是过量的，生产付出的生态环境代价较高。特别对于巴东、万州、涪陵等地而言，农用化学品的投放呈现规模效应递减的趋势，农业生产效率仍要继续提高，应积极响应绿色减贫发展，以实现库区脱贫与生态环境的双重可持续性发展。

(5) 三峡库区贫困与生态环境之间具有稳定的交互影响关系，具体表现为：随着三峡库区贫困状况的不断缓解，农业生态环境先受到破坏后得到改善，库区农业 EKC 为倒"U"形曲线；反过来看，农业生态效率的异质性对库区贫困产生显著影响，库区中某一地区农业生态效率越高，其贫困状况的缓解速度越快。实证结果表明：三峡库区农民人均纯收入是单位面积化肥施用量、农药使用量与农膜使用量的格兰杰原因，而单位面积化肥施用量与农药使用量同样也是农民人均纯收入的格兰杰原因。从三峡库区整体来看，库区人口贫困变量与农业生态环境变量互为格兰杰原因在库区的农业区县体现得尤为明显。由此可见，三峡库区贫困与生态环境的交互影响在三峡库区是十分显著的。从库区贫困对生态环境的影响视角出发，农业 EKC 的曲线表明化肥施用量的拐点为 9946 元，农药使用量的拐点为 11104 元。按 2017 年三峡库区各区县的人均纯收入统计数据看，仍有

56.3%的区县还未达到化肥施用量的拐点，42.8%的区县未达到农药使用量的拐点。从生态对贫困的影响视角出发，在 POLS、FE、MG、CCEMG 四种模型的估计下，库区某一地区农业生态效率越高，其人口贫困的缓解速度越快。共同相关效应组均值(CCEMG)方法的估计结果显示，地区农业生态效率的提高可以加快人口贫困的缓解进程。同时发现，城乡差异的扩大不利于当地人口减贫脱贫。

7.2 对策建议

基于上述研究结论，本书提出了以下关于精准扶贫兼顾绿色发展的政策建议：

1. 在当前精准扶贫语境下调整相应的贫困标准，以提高精准扶贫工作的贫困瞄准精度

研究表明，当前三峡库区的扶贫效果突出，贫困在极大程度上得到了缓解，仍有 30.15%的移民除收入之外，还存在其他方面的贫困。而移民的贫困表现比较多元化，不仅仅停留在经济层面，还涉及资产、教育以及卫生等多个方面。以多维贫困的视角测度库区移民的贫困状况，摆脱了单一标准测度的不准确性，同时了解了影响多维贫困的人口特征，有助于我们在精准扶贫形势下更准确地抓住贫困的要害，实现绿色减贫，达到可持续的脱贫效果。因此本书建议，挖掘精准识别贫困移民的典型人口特征与致贫原因，建立和优化契合移民贫困的多维贫困标准。

2. 三峡库区坚持生态优先的扶贫思路，库区各区县做到因地制宜地推动减贫，减轻库区资源环境承载力负担

研究表明，三峡库区贫困和生态环境之间存在稳定的互动关系。生态环境是库区绿色减贫压力的重要影响因素，而库区目前绿色减贫压力呈现以下状态：库首地区呈现两极分化趋势，库中地区贫困"塌陷"，库尾出现"生态—经济恶性循环"。因此本书建议，库区应摒弃以生态破坏为代价的经济社会发展路径，在农业经济为主的区域，积极推广生态农业。在三峡库区推动项目开发，在项目实施

前和实施中均实行严格的环境评估和环保评价。现有项目的发展应注意做好环保监督和环保执法，切实做到环境优先。具体而言，库首地区以夷陵、秭归等地的发展优势带动巴东的经济发展，扭转两极化局面；库中地区将自然资源转化为自然资本，开发生态旅游业，将自身旅游资源与库首宜昌、库尾重庆的旅游资源共享，以保护生态环境为前提实现经济发展；库尾地区如重庆市要更加注重环境保护，加强对环境污染的监督和惩治力度，大力发展循环经济。此外，三峡库区本就脆弱的资源环境不足以负担库区较重的人口压力，建议转换治贫思路，将"引进来"改为"走出去"。原来的传统思路是引入工矿企业进入库区，一方面增大了环保压力，另一方面受制于库区工业发展条件导致效果有限。而现在鼓励库区人口走出库区就业，既可以帮助库区人口进行更广泛的生计选择，又可以降低库区人口负载，有助于减轻库区资源环境承载力的负担。

3. 重视三峡库区区域间的空间溢出效应，协同发展绿色农业促进库区扶贫攻坚，强化三峡生态功能区的作用

研究表明，随着 GDP 的增长，三峡库区农用化学品的投入还会进一步加大。同时，邻近地区的城乡差异扩大带来的收入外溢效应会显著地影响本地区的化肥施用量，而邻近地区的相关农业投资的增加则可能会刺激本地的农村人口加大农药使用量。因此本书建议，首先，三峡库区各区县在制定农业发展战略时，应与周边区域的经济和社会发展战略协同，以更广阔的视角考察区域之间的协调发展，重视生态要素的空间自相关性。三峡生态功能区的设置目的是以保护三峡水库水质为重点，开展三峡库区环境保护、生态建设和地质灾害防治。三峡库区各区县生态利益休戚相关，互相影响，必须明确各级、各地区的责任，加强各部门之间的协调，对生态环境保护展开全面监管，充分明确各类事件的责任归属，一旦有违规事宜要做到责任到人，追究到人。其次，加大农业投资，以先进的生产技术和农业科技促进当地农业发展，维护第一产业基础性地位，让农民能留在土地上的同时获得生计保证，实现可持续性减贫、脱贫。

4. 提高三峡库区农用化学品的产出效率，努力降低经济产出对农用化学品的依赖

研究表明，目前在三峡库区农业生态效率的各项指标中，农用化学品产生的

冗余最为严重。同时城乡差异的增加和城市化进程的加快也使农业生态效率愈发低下。因此本书建议，尽快推动绿色农业的普及，鼓励库区居民根据当地特色，依托电商、旅游等开展农业创业项目，促使农业收入多元化，以摆脱土地依赖和农业污染。建议政府牵头与企业合作，严格规范库区农业生产的标准化流程，统一采收，使农民在科学生产的同时获得稳定收入来源，借此打破城乡二元结构，缩小城乡收入差距。建议适度控制人口增长和城镇发展规模，严格控制农业面源污染。

5. 在精准扶贫工作推进中把生态环境保护放在首要位置，建立生态补偿机制以明确资源消耗过大地区的补偿责任，进一步促进长江经济带的生态环境修复

研究表明，三峡库区农业生态效率差异较大，库中农业生态效率显著低于库首与库尾。同时，农业生态效率的异质性对三峡库区贫困产生了显著影响，库区中某一地区农业生态效率越高，其贫困状况越能得到缓解。因此本书建议，三峡库区作为贫困老区，既要重视精准扶贫的扶贫攻坚，更要重视当地的生态保护，建立完善的生态利益共享及补偿机制。鉴于库区内各区县经济发展水平、产业结构、资源禀赋等方面都存在着较大差异，各地的利益诉求必然也存在一定的差异，然而目前合作激励机制还比较匮乏。此外，区域之间在生态系统服务的许多方面，如大气质量影响、生物多样性保护、自然生态系统安全等的服务-受益关系也很难判断和界定，且三峡库区横跨两省市，政府一级统筹管理的难度较大。除外，政府作为生态补偿机制的主导者，却并非直接利益相关者，补偿的范围和强度有限，还需要其他机构的共同参与。因此，在明确责权利的基础上，政府要坚持"谁受益，谁补偿"的原则，鼓励库首及库尾经济较为发达地区的企业，深入库中重点生态功能区投资生态建设，或是对其产品生产过程中获得的生态服务征收一定的生态基金，以促进各生态功能区的生态建设，经济建设和社会建设的协调发展。

7.3 研究局限与展望

学界对于贫困的测度标准，目前正由单维向多维演变。而本书不仅研究了单

维贫困，还研究了多维贫困。从整体上看，本书实现了预期研究目标，取得了一定创新性的研究成果，且研究结论具备理论和实践意义。同时，本书也存在一定的局限性，这也为后续研究提供了一定空间。具体来说，本书的不足之处和未来的研究方向在于：

（1）在多维贫困测度及致因分析中，基于时间截点数据的研究要逊色于基于长期观测数据的研究。本书仅采用时间截点的数据开展研究，而未对研究对象进行长期观测。本书要求被访户完整填写调查问卷，但移民前的状况是由被访户回想（recall）得到，这在一定程度上导致数据不够精准，无法完全反映出移民的贫困变动状况。如能对被访户进行定期的追踪调查，相信本书会对移民的动态贫困有着更为深入与细致的研究。

（2）问卷调查的对象尚有进一步完善的空间。此次问卷调查的对象为受三峡工程影响而移民的农户。如问卷调查中能设计实验组（移民组）与对照组（非移民组），实验人员便能通过调控某些关键变量来对两组的表现进行观察与对比。由于受时间与成本等方面的限制，本书未设对照组，因此仅针对移民户作了相应贫困分析。今后可采用 DID（双差分分析）等方法对某一具体移民政策在移民户与非移民户的减贫效果上做更深入的研究。

（3）受数据可获性的影响，本书对诸如水文、地质灾害、人为影响等致贫和减贫因素缺乏深入研究。未来的研究可在 DSR 模型的基础之上，利用系统动力学等方法更多地挖掘经济、社会与生态之间的互动关系，进一步完善综合贫困指数测度的指标体系，构建更为完整和更具普适性的指标体系。此外，可通过实地调研进一步获取相关数据，弥补我国乡镇一级社会经济资料的缺失，更细化地研究贫困区域分布问题。今后还可更多利用空间分析，研究库区生态效率的区域差异与动态演化规律，以进一步挖掘三峡库区的生态减贫机理，对现有研究进行拓展和创新。

参 考 文 献

［1］汪三贵，匡远配．贫困区域收敛与新时期扶贫开发研究［J］.湖湘论坛，2012
　　（2）：80-84.

［2］宜昌市"十二五"扶贫工作成效［N］.三峡日报，2015-10-17（002）.

［3］邓伟．三峡库区水源涵养重要区生态系统格局动态演变特征［J］.长江流域资
　　源与环境，2015，24（4）：661-668.

［4］邓海．三峡库区部分移民生活困难，若解决无效或成不稳定因素［EB/OL］.
　　［2011-06-28］.财新网，http：//china. caixin. com/2011-06-28/100273759.
　　html.

［5］Rowntree B S. Poverty：a study of town life［M］. London：Macmillion and
　　Co. Press，1901.

［6］童星，林闽钢．我国农村贫困标准线研究［J］.中国社会科学，1994（3）：86-
　　98.

［7］Orshansky M. Counting the poor：another look at the poverty profile. 1965［J］.
　　Social Security Bulletin，1988，51（10）：3-29.

［8］世界银行．世界发展报告［R］.北京：中国财经经济出版社，1980，1990.

［9］王萍萍．中国贫困标准与国际贫困标准的比较［J］.调研世界，2007（1）：5-8.

［10］刘溪．西安市新城市贫困空间格局及形成机制研究［D］.西安：陕西师范大
　　　学，2014.

［11］Foster J，Greer J，Thorbecke E. A class of decomposable poverty measures［J］.
　　　Econometrica，1984，52（3）：761-766.

［12］Ravallion M. Poverty rankings using noisy data on living standards［J］. Economics
　　　Letters，1994，45（4）：481-485.

[13]起建凌，赵梅，卢迎春，等．马丁法测定云南人口较少民族地区农村最低生活保障标准[J]．价值工程，2013，32(4)：320-321.

[14]侯石安，谢玲．贵州农村贫困程度及其影响因素分析——基于2001—2012年贵州农村FGT贫困指数的多维测度[J]．贵州社会科学，2014，7(7)：122-126.

[15]Sen A. Poverty：an ordinal approach to measurement[J]. Econometrica, 1976, 44(5)：219-231.

[16]Sen A. Well-being, agency and freedom：the dewey lectures 1984[J]. Journal of Philosophy, 1985, 82(4)：384-387.

[17]Sen A. Commodities and capabilities[M]. Oxford：Oxford University Press, 1999.

[18]Sen A. Symposium on Amartya Sen's philosophy：4 reply[J]. Economics & Philosophy, 2001, 17(1)：51-66.

[19]Alkire S, Foster J. Counting and multidimensional poverty measurement[J]. Journal of Public Economics, 2011, 95(7)：476-487.

[20]Callander E J, Schofield D J, Shrestha R N. Capacity for freedom—using a new poverty measure to look at regional differences in living standards within Australia[J]. Geographical Research, 2012, 50(4)：411-420.

[21]Garriga R G, Foguet A P. Unravelling the linkages between water, sanitation, hygiene and rural poverty：the WASH poverty index[J]. Water Resources Management, 2013, 27(5)：1501-1515.

[22]Alkire S, Seth S. Multidimensional poverty reduction in India between 1999 and 2006：where and how？[J]. World Development, 2015, 72：93-108.

[23]方迎风．中国贫困的多维测度[J]．当代经济科学，2012(4)：7-15.

[24]邹薇，方迎风．关于中国贫困的动态多维度研究[J]．中国人口科学，2011(6)：49-59.

[25]叶开杏．广西农村贫困测度及扶贫开发研究[D]．南宁：广西大学，2013.

[26]高燕．山西省城镇贫困变动的实证分析[D]．太原：山西财经大学，2014.

[27]Bourguignon F, Chakravarty S R. The measurement of multidimensional poverty

[J]. The Journal of Economic Inequality, 2003, 1(1): 25-49.

[28] 李飞. 多维贫困测量的概念、方法和实证分析——基于我国9村调研数据的
分析[J]. 广东农业科学, 2012, 39(9): 203-206.

[29] 高艳云, 马瑜. 多维框架下中国家庭贫困的动态识别[J]. 统计研究, 2014,
30(12): 89-94.

[30] Alkire S, Santos M E. Measuring acute poverty in the developing world:
robustness and scope of the multidimensional poverty index [J]. World
Development, 2014, 59: 251-274.

[31] 杨龙, 汪三贵. 贫困地区农户的多维贫困测量与分解——基于2010年中国
农村贫困监测的农户数据[J]. 人口学刊, 2015, 37(2): 15-25.

[32] Sen A. Mortality as an indicator of economic success and failure [J]. The
Economic Journal, 1998, 108(446): 1-25.

[33] 王春萍. 福利与贫困——贫困的内涵及其概念基础的演变[J]. 商业研究,
2007(4): 108-110.

[34] 李泉, 王茜. 贫困的度量: 贫困线与公理化标准[J]. 甘肃行政学院学报,
2010(1): 99-104.

[35] 王小林, Alkire S. 中国多维贫困测量: 估计与政策含义[J]. 中国农村经济,
2009, 25(12): 4-10.

[36] 孙秀玲, 田国英, 潘云, 等. 中国农村居民贫困测度研究——基于山西的调
查分析[J]. 经济问题, 2012(4): 34-42.

[37] 高艳云. 中国城乡多维贫困的测度及比较[J]. 统计研究, 2012 (11): 61-66.

[38] 刘伟, 黎洁. 西部山区农户多维贫困测量——基于陕西安康市1404份问卷
的调查[J]. 农村经济, 2014 (5): 14-18.

[39] 洪兴建, 齐宁林, 皇甫俊丽. 中国农村多维贫困测度与维度分解[C]. 中国数
量经济学会. 中国数量经济学2013年年会论文集. 武汉: 中国数量经济学
会, 2013: 465-482.

[40] 张全红, 周强. 中国贫困测度的多维方法和实证应用[J]. 中国软科学,
2015, 7(7): 29-41.

[41] Chatterjee S, Russell Cooper. Entry and exit, product variety, and the bussiness

cycle[J]. Economic Inquiry, 2014, 52(4)：1466-1484.

[42]张嘉露．基于模糊理论的中国多维贫困测度[D]．杭州：浙江工商大学，
2015.

[43]刘敬智，王青，顾晓薇．中国经济的直接物质投入与物质减量分析[J]．资源
科学，2005：27（1）：46-48.

[44]焦文献，翟嫚嫚，陈兴鹏，等．甘肃省能源消费碳足迹变化及影响因素分析
[J]. Journal of Resources and Ecology, 2014, 34(2)：157-162.

[45]赵涛，郑丹．1996—2010年中国能源碳足迹生态压力研究[J]．干旱区资源
与环境，2014, 28(8)：1-6.

[46]王青，刘敬智，顾晓薇，等．中国经济系统的物质消耗分析[J]．资源科学，
2005, 27(5)：2-7.

[47]李慧明，王磊．基于循环经济深入发展的减物质化多重因素分解[J]．资源科
学，2008, 3(10)：1484-1490.

[48]于法稳．经济发展与资源环境之间脱钩关系的实证研究[J]．财经理论研究，
2009(3)：29-34.

[49]王崇梅．基于中国样本探析经济增长与能源消耗脱钩[J]．山东工商学院学
报，2009, 32(6)：1-8.

[50]王虹，王建强，赵涛．我国经济发展与能源、环境的脱钩复钩轨迹研究[J]．
统计与决策，2009, 17：113.

[51]李惠娟，龙如银，兰新萍．资源型城市的生态效率评价[J]．资源科学，2010，
32(7)：1296-1300.

[52]王文哲．低碳经济范式下的环境保护评价指标体系研究[D]．长沙：中南大
学，2011.

[53]杨丽雪，单德朋，苏永杰．生态环境、碳排放与贫困减缓——基于西部地区
省级面板数据的实证研究[J]．西南民族大学学报(人文社科版)，2014(6)：
150-154.

[54]北京师范大学绿色减贫指数课题组．贵州省绿色减贫指数特点及分析[J]．
贵州社会科学，2014, 299(11)：150-157.

[55]北京师范大学绿色减贫指数课题组．中国绿色减贫指数总论[J]．经济发展

研究, 2015(10): 69-75.

[56]刘华民. 气候变化对农牧民生计影响及适应性研究——以鄂尔多斯市乌审旗为例[J]. 2012, 34(2): 248-255.

[57]韦惠兰. 气候变化对中国半干旱区农民生计影响初探——以甘肃省半干旱区为例[J]. 2012, 26(1): 117-121.

[58]陈伟娜. 气候变化压力下锡林郭勒草原牧民生计与可持续能力[J]. 资源科学, 2013, 35(5): 1075-1083.

[59]许月卿, 李双成, 蔡运龙. 基于 GIS 和人工神经网络的区域贫困化空间模拟分析——以贵州省猫跳河流域为例[J]. 2006, 25(3): 79-85.

[60]曾永明, 张果. 基于 GIS 和 BP 神经网络的区域农村贫困空间模拟分析——一种区域贫困程度测度新方法[J]. 地理与地理信息科学, 2011, 3(27): 70-75.

[61]刘一铭, 胡卓伟. 基于 BP 神经网络的区域贫困空间特征研究——以武陵山连片特困区为例[J]. 地球信息科学, 2015, 11(1): 69-77.

[62]丹尼斯·米都斯. 增长的极限——罗马俱乐部关于人类困境的报告[M]. 长春: 吉林人民出版社, 1997.

[63]Selden T M, Song D. Environmental quality and development: is there a Kuznets curve for air pollution emissions? [J]. Journal of Environmental Economics and Management, 1994, 27(2): 147-162.

[64]Torras M, Boyce J K. Income, inequality and pollution: a reassessment of the environmental Kuznets curve[J]. Ecological Economics, 1998, 25(2): 147-160.

[65]Stern D I. The rise and fall of the environmental Kuznets curve [J]. World Development, 2004, 32(8): 1419-1439.

[66]Shahbaz M, Mutascu M, Azim P. Environmental Kuznets curve in Romania and the role of energy consumption[J]. Renewable & Sustainable Energy Reviews, 2013, 18(2): 165-173.

[67] Apergis N. Environmental Kuznets curves: new evidence on both panel and country-level CO_2, emissions[J]. Energy Economics, 2016, 54: 263-271.

[68]邢秀凤, 刘颖宇. 山东省经济发展与环境保护关系的计量分析[J]. 中国人

口·资源与环境,2006,16(1):58-61.

[69]朱骏锋.淮河流域工业化与自然生态环境的可持续性研究[D].合肥:合肥工业大学,2009.

[70]王良健,邹雯,黄莹,等.东部地区环境库茨涅茨曲线的实证研究[J].海南大学学报(人文社会科学版),2009,27(1):57-62.

[71]何枫,马栋栋,祝丽云.中国雾霾污染的环境库兹涅茨曲线研究——基于2001—2012年中国30个省市面板数据的分析[J].软科学,2016,30(4):37-40.

[72]臧传琴,吕杰.环境库兹涅茨曲线的区域差异——基于1995—2014年中国29个省份的面板数据[J].宏观经济研究,2016(4):62-69.

[73]刘扬,陈劭锋,张云芳.中国农业EKC研究:以化肥为例[J].中国农学通报,2009,25(16):263-267.

[74]张晖,胡浩.农业面源污染的环境库兹涅茨曲线验证——基于江苏省时序数据的分析[J].中国农村经济,2009(4):48-53.

[75]杜江,刘渝.中国农业增长与化学品投入的库兹涅茨假说及验证[J].世界经济文汇,2009(3):96-108.

[76]李海鹏,张俊飚.中国农业面源污染与经济发展关系的实证研究[J].长江流域资源与环境,2009(6):585-590.

[77]刘莹,魏国学,黄季焜.基于农村卫生环境污染的库兹涅茨曲线的实证分析[J].南京农业大学学报(社会科学版),2014,14(3):23-28.

[78]沈能,张斌.农业增长能改善环境生产率吗?——有条件"环境库兹涅茨曲线"的实证检验[J].中国农村经济,2015(7):17-30.

[79]朱哲毅,应瑞瑶,周力.畜禽养殖末端污染治理政策对养殖户清洁生产行为的影响研究——基于环境库兹涅茨曲线视角的选择性试验[J].华中农业大学学报(社会科学版),2016(5):55-62.

[80]Rupasingha A, Goetz S J, Debertin D L, et al. The environmental Kuznets curve for US counties: a spatial econometric analysis with extensions[J]. Papers in Regional Science, 2004, 83(2):407-424.

[81]Maddison D. Environmental Kuznets curves: a spatial econometric approach[J].

Journal of Environmental Economics and Management，2006，51（2）：218-230.

［82］黄莹，王良健，李桂峰，等．基于空间面板模型的我国环境库兹涅茨曲线的实证分析［J］．南方经济，2009（10）：59-68.

［83］朱平辉，袁加军，曾五一．中国工业环境库兹涅茨曲线分析——基于空间面板模型的经验研究［J］．中国工业经济，2010（6）：65-74.

［84］Guo Z，Zheng Z. Local government，polluting enterprise and environmental pollution：based on MATLAB software［J］. Journal of Software，2012，7（10）：2182-2188.

［85］吕健．中国经济增长与环境污染关系的空间计量分析［J］．财贸研究，2011，22（4）：1-7.

［86］吴玉鸣．中国区域能源消费的决定因素及空间溢出效应——基于空间面板数据计量经济模型的实证［J］．南京农业大学学报（社会科学版），2012（10）：124-132.

［87］郝宇，廖华，魏一鸣，等．中国能源消费和电力消费的环境库兹涅茨曲线：基于面板数据空间计量模型的分析［J］．中国软科学，2014（1）：134-147.

［88］Guatam N. Analyzing the sustainable development indicators of nepal using system dynamics approach［D］. South Korea：Hankuk University of Foreign Studies，2005.

［89］邵田，张浩，邬锦明，等．三峡库区（重庆段）生态系统健康评价［J］．环境科学研究，2008，21（2）：99-104.

［90］赵兴国，潘玉君，赵波，等．区域资源环境与经济发展关系的时空分析［J］．地理科学进展，2011，30（6）：706-714.

［91］谈迎新，於忠祥．基于 DSR 模型的淮河流域生态安全评价研究［J］．安徽农业大学学报（社会科学版），2012，21（5）：35-39.

［92］Dios-Palomares R. The closure of the Guadalquivir River basin：a DPSIR framework approach［J］. Economics of Water Management in Agriculture，2014：48-52.

［93］庞雅颂，王琳．区域生态安全评价方法综述［J］．中国人口资源与环境，2014（S1）：340-344.

[94]王雪琴. 城市环境管理指标体系研究与评价——以大渡口区为例[D]. 重庆：重庆大学，2012.

[95]程敏，陈辉. 城市基础设施可持续发展水平的组合评价[J]. 城市问题，2012（2）：15-21.

[96]刘雷，程钰，任建兰. 区域环境管理水平测度及其空间格局研究——以山东省为例[J]. 湖南师范大学自然科学学报，2013，37（1）：6-10.

[97]张苗，陈银蓉，周浩. 基于 DSR 模型的城市土地低碳集约利用评价——以武汉市为例[J]. 水土保持研究，2015，22（5）：169-175.

[98]王虹，王建强，赵涛. 我国经济发展与能源，环境的"脱钩""复钩"轨迹研究[J]. 统计与决策，2009（17）：113-115.

[99]王崇梅. 中国经济增长与能源消耗脱钩分析[J]. 中国人口资源与环境，2010，20（3）：35-37.

[100]张文彬，李国平. 中国区域经济增长及可持续性研究——基于脱钩指数分析[J]. 经济地理，2015（11）：8-14.

[101]张文斌. 甘肃省武威市凉州区耕地占用与经济发展的脱钩关系[J]. 水土保持通报，2015，35（6）：149-154.

[102]盖美，曹桂艳，田成诗，等. 辽宁沿海经济带能源消费碳排放与区域经济增长脱钩分析[J]. 资源科学，2014，36（6）：1267-1277.

[103]陆钟武，王鹤鸣，岳强. 脱钩指数：资源消耗，废物排放与经济增长的定量表达[J]. 资源科学，2011，33（1）：2-9.

[104] Schaltegger S, Sturm A. Ökologische Rationalität: Ansatzpunkte zur Ausgestaltung von ökologieorientierten Managementinstrumenten [J]. Die Unternehmung, 1990, 44(4): 273-290.

[105]季丹. 中国区域生态效率评价——基于生态足迹方法[J]. 当代经济管理，2013，35（2）：57-62.

[106]李兵，张建强，权进民. 企业生态足迹和生态效率研究[J]. 环境工程，2007，25（6）：85-88.

[107]邱寿丰，朱远. 基于国家生态足迹账户计算方法的福建省生态足迹研究[J]. 生态学报，2012，32（22）：7124-7134.

[108]陈傲. 中国区域生态效率评价及影响因素实证分析：以 2000—2006 年省际数据为例[J]. 中国管理科学, 2008(16)：566-570.

[109]韩瑞玲, 佟连军, 宋亚楠, 等. 基于生态效率的辽宁省循环经济分析[J]. 生态学报, 2011, 31(16)：4732-4740.

[110]朱玉林, 李明杰, 龙雨孜, 等. 基于能值分析的环洞庭湖区农业生态系统结构功能和效率[J]. 生态学杂志, 2012, 31(12)：3086-3093.

[111]周萍, 刘国彬, 侯喜禄. 黄土丘陵区退耕前后典型流域农业生态经济系统能值分析[J]. 农业工程学报, 2009, 25(6)：266-273.

[112]严茂超, 李海涛, 程鸿, 等. 中国农林牧渔业主要产品的能值分析与评估[J]. 北京林业大学学报, 2001, 23(6)：66-69.

[113]朱璐平, 李海涛, 陈吉泉, 等. 基于能值的内蒙古可持续发展评价(英文)[J]. Journal of Geographical Sciences, 2012(5)：843-858.

[114]邱寿丰, 诸大建. 我国生态效率指标设计及其应用[J]. 科学管理研究, 2007, 25(1)：20-24.

[115]Sarkis J, Zhu Q, Lai K H. An organizational theoretic review of green supply chain management literature[J]. International Journal of Production Economics, 2011, 130(1)：1-15.

[116]Kuosmanen. Measurement and analysis of eco-efficiency：an economist's perspective[J]. Journal of Industrial Ecology, 2001, 9(4)：15-18.

[117]Hua Z, Bian Y, Liang L. Eco-efficiency analysis of paper mills along the Huai River：an extended DEA approach[J]. Omega, 2007, 35(5)：578-587.

[118]杨文举. 中国地区工业的动态环境绩效：基于 DEA 的经验分析[J]. 数量经济技术经济研究, 2009(6)：87-98.

[119]Van Caneghem T. Audit pricing and the Big4 fee premium：evidence from Belgium[J]. Managerial Auditing Journal, 2010, 25(2)：122-139.

[120]Wursthorn S, Poganietz W R, Schebek L. Economic-environmental monitoring indicators for European countries：a disaggregated sector-based approach for monitoring eco-efficiency[J]. Ecological Economics, 2011, 70(3)：487-496.

[121]王恩旭, 武春友. 基于超效率 DEA 模型的中国省际生态效率时空差异研究

[J]. 管理学报, 2011, 8(3): 443-450.

[122]王珂. 基于网络 DEA 的产品生态效率评价——以农药行业为例[D]. 南京: 南京大学, 2011.

[123]付丽娜, 陈晓红, 冷智花. 基于超效率 DEA 模型的城市群生态效率研究——以长株潭"3+5"城市群为例[J]. 中国人口·资源与环境, 2013, 23 (4): 169-175.

[124]陈黎明, 王文平, 王斌. "两横三纵"城市化地区的经济效率, 环境效率和生态效率——基于混合方向性距离函数和合图法的实证分析[J]. 中国软科学, 2015 (2): 96-109.

[125]吴小庆, 王亚平, 何丽梅, 等. 基于 AHP 和 DEA 模型的农业生态效率评价——以无锡市为例[J]. 长江流域资源与环境, 2012, 21(6): 714-719.

[126]潘丹, 应瑞瑶. 中国农业生态效率评价方法与实证——基于非期望产出的 SBM 模型分析[J]. 生态学报, 2013, 33(12): 3837-3845.

[127]肖新成, 何丙辉, 倪九派, 等. 三峡生态屏障区农业面源污染的排放效率及其影响因素[J]. 中国人口·资源与环境, 2014, 24(11): 60-68.

[128]许朗, 罗东玲, 刘爱军. 中国粮食主产省 (区) 农业生态效率评价与比较——基于 DEA 和 Malmquist 指数方法[J]. 湖南农业大学学报(社会科学版), 2014, 15(4): 76-82.

[129]王宝义, 张卫国. 中国农业生态效率测度及时空差异研究[J]. 中国人口资源与环境, 2016, 26(6): 11-19.

[130]Broad R. The poor and the environment: friends or foes? [J]. World Development, 1994, 22(6): 811-822.

[131]Jahan S, Umana A. Environment-poverty nexus [J]. Development Policy Journal, 2003, 3: 53-70.

[132]Lawson E T, Gordon C, Schluchter W. The dynamics of poverty: environment linkages in the coastal zone of Ghana[J]. Ocean & Coastal Management, 2012, 67: 30-38.

[133]阿布都沙塔尔·买买提明, 瓦哈甫·哈力克, 阿不都克依木·阿布力孜, 等. 和田策勒绿洲生态环境约束型贫困问题研究[J]. 新疆农业科学, 2007,

44（6）：870-876.

[134]殷洁，张京祥.贫困循环理论与三峡库区经济发展态势[J].经济地理，2008，28（4）：631-635.

[135]罗娅，熊康宁，龙成昌，等.贵州喀斯特地区环境退化与农村经济贫困的互动关系[J].贵州农业科学，2009，37（12）：207-211.

[136]程宝良.西部生态环境与贫困治理的研究[J].西北工业大学学报（社会科学版），2008，28（4）：34-38.

[137]孙昕萌，石美遐.从生态扶贫的角度探索农牧民脱贫新思路——以三江源地区为例[C]. Engineering Technology Press，Southern Illinois University Carbondale，National University of Sinapore. Advances in Artificial Intelligence（Volume 3）—Proceedings of 2011 International Conference on Management Science and Engineering.[S.L.]：Engineering Technology Press，2011：5.

[138]阳茂庆，熊理然，欧阳春云.基于生态-经济适宜性的人口迁移空间趋势分析——以云南省贫困地区为例[J].资源开发与市场，2010，26（2）：165-168.

[139]Ferdinand I，Geoff O B，Phil O K，et al. The double bind of poverty and community disaster risk reduction：a case study from the Caribbean［J］. International Journal of Disaster Risk Reduction，2012（2）：84-94.

[140]李仙娥，李倩.秦巴集中连片特困地区的贫困特征和生态保护与减贫互动模式探析[J].农业现代化研究，2013，4：408-411.

[141]杨庭硕，皇甫睿.生态扶贫概念内涵的再认识：超越历史与西方的维度[J].云南社会科学，2017（1）：88-93.

[142]佟玉权，龙花楼.脆弱生态环境耦合下的贫困地区可持续发展研究[J].中国人口·资源与环境，2003，13（2）：47-51.

[143]王雪妮，孙才志，邹玮.中国水贫困与经济贫困空间耦合关系研究[J].中国软科学，2011，12：180-192.

[144]逯承鹏，陈兴鹏，张子龙，等.基于MFA的兰州市经济增长与环境压力关系变化分解分析[J].兰州大学学报（自然科学版），2013（5）：604-610.

[145]丁文广，魏银丽，王龙魁，等.甘肃省环境退化、灾害频发及贫困之间的

耦合关系研究[J]. 干旱区资源与环境, 2013, 27(3)：1-7.

[146]曹诗颂, 赵文吉, 段福洲. 秦巴特困连片区生态资产与经济贫困耦合关系研究[J]. 地理研究, 2015, 34(7)：1295-1309.

[147]Song C, Zhang Y, Mei Y, et al. Sustainability of forests created by China's sloping land conversion program：a comparison among three sites in Anhui, Hubei and Shanxi[J]. Forest Policy and Economics, 2014, 38：161-167.

[148]帅传敏, 王静, 程欣. 三峡库区移民生态减贫策略的优化仿真研究[J]. 数量经济技术经济研究, 2017(1)：21-39.

[149]Ahmed S A, Diffenbaugh N S, Hertel T W, et al. Climate volatility and poverty vulnerability in Tanzania[J]. Global Environmental Change, 2011, 21(1)：46-55.

[150]郭素玲. 粮食主产区农业低碳转型困境与化解[J]. 求索, 2015, 2：56-60.

[151]Khan S R, Khan S R. Assessing poverty-deforestation links：evidence from Swat, Pakistan[J]. Ecological Economics, 2009, 68(10)：2607-2618.

[152]Huang L, Shao Q, Liu J. Forest restoration to achieve both ecological and economic progress, Poyang Lake basin, China [J]. Ecological Engineering, 2012, 44：53-60.

[153]Kuznets S. Economic growth and income inequality[J]. The American Economic Review, 1955, 45(1)：1-28.

[154]Grossman G M, Krueger A B. Environmental impacts of a North American Free Trade Agreement[J]. Social Science Electronic Publishing, 1992, 8(2)：223-250.

[155]Grossman G, Krueger A. Economic environment and the economic growth [J]. Quarterly Journal of Economics, 1995, 110(2)：353-377.

[156]徐秀军. 解读绿色扶贫[J]. 生态经济(中文版), 2005(2)：78-79.

[157]何建坤. 全球绿色低碳发展与公平的国际制度建设[J]. 中国人口·资源与环境, 2012, 22(5)：15-21.

[158]丁文广, 魏银丽, 王龙魁, 等. 甘肃省环境退化, 灾害频发及贫困之间的耦合关系研究[J]. 干旱区资源与环境, 2013, 27(3)：1-7.

[159]戴旭宏．绿色扶贫：中西部地区现阶段财政支持政策的必然选择——基于四川财政政策支持的视角[J]．农村经济，2012(12)：60-63．

[160]王景新，郭海霞，李琳琳，等．荒漠化地区绿色扶贫开发模式创新——中国-UNDP新疆和田红柳大芸产业开发案例研究[J]．现代经济探讨，2011(11)：51-55．

[161]帅传敏，李文静，程欣，等．联合国IFAD中国项目减贫效率测度——基于7省份1356农户的面板数据[J]．管理世界，2016，270(3)：73-86．

[162]王金营，李竞博．连片贫困地区农村家庭贫困测度及其致贫原因分析——以燕山—太行山和黑龙港地区为例[J]．中国人口科学，2013(4)：2-13．

[163]李晓红．城市贫困人口的致贫原因分析——基于人力资本产权的视角[J]．城市问题，2010(4)：96-100．

[164]石智雷，邹蔚然．库区农户的多维贫困及致贫机理分析[J]．农业经济问题，2013，34(6)：61-69．

[165]罗楚亮．经济增长、收入差距与农村贫困[J]．经济研究，2012(2)：15-27．

[166]Kimberling R, Mack K P, Alvarz J. Women and disasters [M]//Y. Neria, S. Galea, F. H. Norris. Mental Health and Disasters. Cambridge：Cambridge University Press，2009.

[167]Cameron S. Education, urban poverty and migration：evidence from Bangladesh and Vietnam[J]. Innocenti Working Papers, 2012(15)：679.

[168]Costa L P D, Dias J G. What do Europeans believe to be the causes of poverty? A multilevel analysis of heterogeneity within and between countries[J]. Social Indicators Research, 2015, 122(1)：1-20.

[169]易红梅，张林秀．农村最低生活保障政策在实施过程中的瞄准分析[J]．中国人口·资源与环境，2011，21(6)：67-73．

[170]陈琦.连片特困地区农村家庭人力资本与收入贫困——基于武陵山片区的实证考察[J]．江西社会科学，2012(7)：231-235．

[171]王萍萍．中国贫困标准与国际贫困标准的比较[J]．调研世界，2007(1)：5-8．

[172]世界银行．世界银行国别报告：中国战胜农村贫困[M]．北京：中国财政经

济出版社，2001.

[173]汪三贵．在发展中战胜贫困——对中国30年大规模减贫经验的总结与评价
[J]．管理世界，2008（11）：78-88.

[174]王金亮，邵景安，李阳兵．近20年三峡库区农林地利用变化图谱特征分析
[J]．自然资源学报，2015，30（2）：235-247.

[175]熊伟，王久臣，汤文志，等．三峡环库多业共生耦合循环农业生态系统初构
[J]．农业工程学报，2013，29（14）：203-209.

[176]胡鞍钢，刘生龙，马振国．人口老龄化，人口增长与经济增长[J]．人口研
究，2012，36（3）：14-26.

[177]章元，丁绎镁．一个"农业大国"的反贫困之战[J]．南方经济，2008（3）：
3-17.

[178]杜凤莲，孙婧芳．经济增长，收入分配与减贫效应——基于1991—2004年
面板数据的分析[J]．经济科学，2009（3）：15-26.

[179]王宝义．中国农业碳排放的结构特征及时空差异研究[J]．调研世界，2016
（9）：3-10.

[180]何艳秋，戴小文．中国农业碳排放驱动因素的时空特征研究[J]．资源科学，
2016，38（9）：1780-1790.

[181]张广胜，王珊珊．中国农业碳排放的结构、效率及其决定机制[J]．农业经
济问题，2014，35（7）：45-53.

[182]陈勇，冯永忠，杨改河．陕西省农业非点源污染的环境库兹涅茨曲线验证
[J]．农业技术经济，2010（7）：22-29.

[183]田素妍，郑微微，周力．中国低碳养殖的环境库兹涅茨曲线特征及其成因
分析[J]．资源科学，2012，34（3）.

[184]刘彦随，王介勇，郭丽英．中国粮食生产与耕地变化的时空动态[J]．中国
农业科学，2009，42（12）：4269-4274.

[185]王兵，杨华，朱宁．中国各省份农业效率和全要素生产率增长——基于
SBM方向性距离函数的实证分析[J]．南方经济，2011，29（10）：12-26.

[186]段颖琳，刘峰，赵帅，等．三峡库区蓄水前后农田生态系统服务与环境压力
分析[J]．生态学报，2016，36（9）：2750-2763.

[187]杨永芳，牛璞，朱连奇．相邻县域粮食生产状况与耕地压力指数对比分析——以鄢陵、尉氏两县为例[J]．河南大学学报(自然科学版)，2013，43(1)：39-46.

[188]唐澜兮，睢博茛，沈星，等．农村土地流转对农业生态安全的影响[J]．农村经济与科技，2017，28(9)：9-11.

[189]Elhorst J P. Matlab software for spatial panels[J]. International Regional Science Review, 2014, 37(3): 389-405.

[190]张士永，李德新．农业规模化、产业化发展中的科技需求分析[J]．经济研究导刊，2012(36)：55-56.

[191]马良灿．缓解农村贫困问题的思考[J]．经济研究参考，2013(36)：24.

[192]毛伟，李超，居占杰．经济增长、收入不平等和政府干预减贫的空间效应与门槛特征[J]．农业技术经济，2013(10)：16-27.

[193]刘涓，谢谦，倪九派，等．基于农业面源污染分区的三峡库区生态农业园建设研究[J]．生态学报，2014，34(9)：2431-2441.

[194]Ward P S, Shively G E. Disaster risk, social vulnerability and economic development[J]. Disasters, 2017, 41(2): 324-351.

[195]Flanagan B E, Hallisey E J, Adams E, et al. Measuring community vulnerability to natural and anthropogenic hazards: the centers for disease control and prevention's social vulnerability index [J]. Journal of Environmental Health, 2018, 80(10): 34.

[196]Guo X, Kapucu N. Assessing social vulnerability to earthquake disaster using rough analytic hierarchy process method: a case study of Hanzhong city, China [J]. Safety Science, 2020, 125: 104625.

[197]Zhang W, Wang N, Nicholson C. Resilience-based post-disaster recovery strategies for road-bridge networks[J]. Structure and Infrastructure Engineering, 2017, 13(11): 1404-1413.

[198]Sadri A M, Ukkusuri S V, Lee S, et al. The role of social capital, personal networks and emergency responders in post-disaster recovery and resilience: a study of rural communities in Indiana[J]. Natural Hazards, 2018, 90(3): 1377-

1406.

[199] Chandra Y, Paras A. Social entrepreneurship in the context of disaster recovery: organizing for public value creation[J]. Public Management Review, 2020: 1-22.

[200] 李颖, 巩世钰, 张志茹, 等. 基于CiteSpaceV的气象灾害脆弱性研究检索与分析[J]. 自然灾害学报, 2020, 29(6): 209-217.

[201] 石钰, 马恩朴, 李同昇, 等. 基于农户视角的洪灾社会脆弱度及影响因素——以安康市4个滨河村庄为例[J]. 地理科学进展, 2017, 36(11): 1380-1390.

[202] 刘凯, 任建兰, 程钰, 等. 黄河三角洲地区社会脆弱性评价与影响因素[J]. 经济地理, 2016, 36(7): 45-52.

[203] 贾建英, 韩兰英, 万信, 等. 甘肃省冬小麦干旱灾害风险评估及其区划[J]. 干旱区研究, 2019, 36(6): 1478-1486.

[204] Shuai J, Cheng X, Tao X, et al. A theoretical framework for understanding the spatial coupling between poverty and the environment: a case study from China[J]. Agronomy Journal, 2019, 111(3): 1097-1108.

[205] 郭劲光. 我国扶贫治理的空间视野及其与减灾防治的链接[J]. 农业经济问题, 2013, 34(7): 11-16, 110.

[206] 孙才志, 董璐, 郑德凤. 中国农村水贫困风险评价、障碍因子及阻力类型分析[J]. 资源科学, 2014, 36(5): 895-905.

[207] 刘玥, 帅传敏, 程欣, 等. 基于DSR模型的三峡库区贫困的时空演变分析——生态减贫视角[J]. 经济地理, 2017, 37(7): 156-165.

[208] 张伟, 黄颖, 何小伟, 等. 贫困地区农户因灾致贫与政策性农业保险精准扶贫[J]. 农业经济问题, 2020(12): 28-40.

[209] 周扬, 李寻欢, 童春阳, 等. 中国村域贫困地理格局及其分异机理[J]. 地理学报, 2021(1): 1-19.

[210] 任威, 熊康宁, 盈斌, 等. 喀斯特地区不同地貌下农户生计脆弱性影响因子评估: 以贵州花江、撒拉溪研究区为例[J]. 生态与农村环境学报, 2020, 36(4): 442-449.

[211] 卜诗洁，马金海，卓玛措，等. 生计恢复力研究进展与启示[J]. 地理与地理信息科学，2021(1)：1-6.

[212] 熊思鸿，阎建忠，吴雅. 农户生计对气候变化的恢复力研究综述[J]. 地理研究，2020，39(8)：1934-1946.

[213] Galarza-Villamar J A, Leeuwis C, Pila-Quinga G M, et al. Local understanding of disaster risk and livelihood resilience：the case of rice smallholders and floods in Ecuador [J]. International Journal of Disaster Risk Reduction, 2018, 31：1107-1120.

[214] Loebach P. Household migration as a livelihood adaptation in response to a natural disaster：Nicaragua and hurricane mitch [J]. Population and Environment, 2016, 38(2)：185-206.

[215] 何爱平，安梦天. 黄河流域高质量发展中的重大环境灾害及减灾路径[J]. 经济问题，2020(7)：1-8.

[216] Achiba G A. Managing livelihood risks：income diversification and the livelihood strategies of households in pastoral settlements in Isiolo county, Kenya [J]. Pastoralism, 2018, 8(1)：1-15.

[217] Yang H, Dietz T, Yang W, et al. Changes in human well-being and rural livelihoods under natural disasters[J]. Ecological Economics, 2018, 151：184-194.

[218] 周迪，王明哲. 返贫现象的内在逻辑：脆弱性脱贫理论及验证[J]. 财经研究，2019，45(11)：126-139.

[219] 李文静，帅传敏，帅钰，等. 三峡库区移民贫困致因的精准识别与减贫路径的实证研究[J]. 中国人口资源与环境，2017，27(6)：136-144.

[220] 尚选彩，王玉莉. 我国支出型贫困救助路径选择分析[J]. 求知导刊，2016(5)：68-69.

[221] 田北海，王连生. 支出型贫困家庭的贫困表征、生成机制与治理路径[J]. 南京农业大学学报(社会科学版)，2018，18(3)：27-36，152-153.

[222] 李瑞华. "贫困—疾病"恶性循环防治机制研究[J]. 中国卫生经济，2020，39(6)：27-29.

[223] 虞振亚. 家庭收支视角下贫困地区乡村精准扶贫研究[D]. 南京：南京大学，2018.

[224] 麻怡星，沙永红，谭昕，等. 湘西贫困地区中老年人慢性病影响因素调查分析[J]. 社区医学杂志，2020，18（22）：1501-1504.

[225] 洪秋妹，常向阳. 我国农村居民疾病与贫困的相互作用分析[J]. 农业经济问题，2010，31（4）：85-94，112.

[226] Eckhard J. Does poverty increase the risk of social isolation? Insights based on panel data from Germany[J]. The Sociological Quarterly, 2018, 59（2）：338-359.

[227] 徐小言. 农村居民"贫困-疾病"陷阱的形成分析[J]. 山东社会科学，2018（8）：66-72.

[228] 彭华安，陈维民. "教育致贫"悖论及其消解[J]. 教育导刊，2009（1）：52-55.

[229] 王春萍，张顺翔，郑烨. 秦巴山区农户贫困动因识别及精准扶贫满意度调查[J]. 中国人口·资源与环境，2018，28（S2）：54-58.

[230] 彭妮娅. 教育经费投入对贫困地区农民收入影响的实证[J]. 统计与决策，2021（3）：1-4.

[231] 张锦华. 基于 SST 指数的中国农村教育贫困分析[J]. 中国农村观察，2005（5）：10-16.

[232] 刘璐琳. 武陵山片区教育贫困新特点与对策研究[J]. 民族教育研究，2015（1）：76-80.

[233] 周常春，翟羽佳，车震宇. 连片特困区农户多维贫困测度及能力建设研究[J]. 中国人口·资源与环境，2017，27（11）：95-103.

[234] 苑英科. 教育扶贫是阻断返贫与贫困代际传递的根本之策[J]. 华北电力大学学报（社会科学版），2018（4）：16.

[235] 阳盛益，黄淑贞. 精准扶贫背景下"扶贫扶志扶智"的实践与启示[J]. 开发研究，2019（1）：29-35.

[236] 李涛，邬志辉，周慧霞，等. "十四五"时期中国全面建设小康社会后教育扶贫战略研究[J]. 教育发展研究，2020，40（23）：30-42.

［237］蒋和胜，李小瑜，田永.阻断返贫的长效机制研究［J］.吉林大学社会科学学报，2020，60（6）：24-34，231-232.

［238］罗玉辉，侯亚景.中国扶贫改革40年：过去，现在和未来［J］.宁夏社会科学，2019（5）：104-109.

［239］蒋南平，郑万军，Jiang，等.中国农民工多维返贫测度问题［J］.中国农村经济，2017（6）：60-71.

［240］Glewwe P，Hall G. Are some groups more vulnerable to macroeconomic shocks than others? Hypothesis tests based on panel data from Peru［J］. Journal of Development Economics，1998，56（1）：181-206.

［241］Pritchett，Lant. Quantifying vulnerability to poverty：a proposed measure，with application to Indonesia［R］. Washington，D. C.：World Bank，2000.

［242］Chaudhuri S，Datt G. Assessing household vulnerability to poverty：a methodology and estimates for the Philippines［R］.［S. L.］：World Bank Draft，2001.

［243］Caner A，Wolff E N. Asset poverty in the United States，1984—1999［J］. Challenge，2004，47（1）：5-52.

［244］汪三贵，刘明月.健康扶贫的作用机制，实施困境与政策选择［J］.新疆师范大学学报（哲学社会科学版），2019，40（3）：82-91.

［245］马绍东，万仁泽.多维贫困视角下民族地区返贫成因及对策研究［J］.贵州民族研究，2018，39（11）：50-55.

［246］陈传波.农户风险与脆弱性：一个分析框架及贫困地区的经验［J］.农业经济问题，2005（8）：49-52.

［247］胡原，曾维忠.深度贫困地区何以稳定脱贫？——基于可持续生计分析框架的现实思考［J］.当代经济管理，2019，41（12）：7-12.

［248］肖泽平，王志章.脱贫攻坚返贫家户的基本特征及其政策应对研究——基于12省（区）22县的数据分析［J］.云南民族大学学报（哲学社会科学版），2020，37（1）：81-89.

［249］罗利丽.农村贫困人口反弹与可持续性发展机制的缺失［J］.贵州社会科学，2008（12）：76-79.

附　　录

三峡库区移民致贫与减贫研究
调查问卷

问卷编号：No. _____

尊敬的女士/先生：

您好！我们受国家自然科学基金委的委托，对三峡库区移民致贫因素和减贫策略开展科学研究。希望您在百忙之中抽 15 分钟左右的时间来回答本调查问卷的相关问题。您的参与是匿名的，所有信息将仅用于此项研究。十分感谢您的大力支持与配合！

一、家庭情况

1. 您家于哪年哪月搬迁到此地？_____年_____月；您家经历了几次搬迁？_____次。

2. 家庭人口情况。

户主信息：性别_____，年龄_____，文化程度_____。

类别	家庭成员数	劳动力数	6 岁以下或 60 以上人数	小学在读	中学及高职高专在读	大学在读	患病人数
移民前							
移民后							

3. 劳动力情况。（注：最远生活足迹：出过乡镇 = 0，出过县域 = 1，出过省

域 = 2）

序号	性别	年龄	民族	婚否	学历	外出务工	职业技能	最远生活足迹	患严重疾病
1									
2									
3									
4									

4. 移民前后家庭收入变化情况（单位：元/年）。

类别	种植	养殖	林业（含果、茶）	外出务工	家庭经营	政府补贴	其他收入	人均纯收入
移民前								
移民后								

5. 移民前后家庭资产变化状况（单位：台/辆/个）。

类别	农用车	自行车	摩托车	汽车	彩电	电冰箱	洗衣机	电脑	空调	其他
移民前										
移民后										

6. 移民前后家庭消费状况。

类别	人均年消费占人均年收入的比例（%）	主要消费领域
移民前		A. 基本生活　B. 资产购置　C. 教育支出 D. 医疗支出　E. 农业生产　F. 其他
移民后		A. 基本生活　B. 资产购置　C. 教育支出 D. 医疗支出　E. 农业生产　F. 其他

7. 您家的饮用水、卫生设施、通电设施与初等教育情况。

类别	饮用水	卫生设施	电	卫星天线(信号接收装置)	义务教育
移民前					
移民后					

备注：（1）饮用水为池塘或其他=0，河流或湖泊=1，浅水井=2，深水井=3，自来水或瓶装水=6；（2）没有冲水厕所为1，否则为0；（3）家中不通电为1，否则为0；（4）家中没有卫星天线的为1，否则为0；（5）家中任何一个18岁以上的人没有完成义务教育的赋值为1，否则为0。

8. 移民前后家庭住房变化情况。

类别	建筑材料：A. 其他 B. 土砖加木料 C. 钢筋混凝土	住房总面积(平方米)
移民前		
移民后		

9. 家庭成员有过哪些短期创收活动？

A. 辍学打工　　　　　B. 人为砍伐　　　　　C. 坡改耕种

D. 外出短期务工　　　E. 出售财物　　　　　F. 其他＿＿＿＿＿＿＿＿＿

采取短期创收活动后，您家的经济状况有多大变化？

A. 下降　　　　　　　B. 没有提高　　　　　C. 略有提高

D. 提高较大　　　　　E. 提高很大

10. 女性家庭成员在您家的地位(家庭决策权)如何？

A. 很低　　B. 较低　　　C. 一般　　　D. 较高　　　E. 很高

11. 您家妇女接受生产技能培训的机会如何？

A. 机会很少　B. 机会较少　C. 一般　　　D. 机会较多　E. 机会很多

12. 您家当时搬迁的自愿程度如何？

A. 非常不自愿　　　　B. 不自愿　　　　　　C. 经干部动员后愿意

D. 自愿　　　　　　　E. 非常自愿

13. 您家的搬迁安置模式是哪种？

A. 就地后靠　　　　　B. 异地搬迁　　　　　C. 无土安置

D. 有土安置　　　　　E. 集中安置　　　　　F. 散迁安置

G. 其他＿＿＿＿＿＿＿＿＿＿

14. 您家耕地有＿＿＿＿＿＿＿＿＿亩。

①您家口粮自给程度如何？

A. 严重不足　　　　　B. 不足　　　　　　　C. 一般

D. 比较充足　　　　　E. 十分充足

②您家对土地的依赖程度如何？

A. 非常依赖　　　　　B. 较依赖　　　　　　C. 一般

D. 基本不依赖　　　　E. 完全不依赖

③您家有坡地＿＿＿＿＿＿亩，坡地的倾斜程度如何？

A. 非常陡(21°～25°)　B. 较陡(16°～20°)　　C. 一般(11°～15°)

D. 较平缓(6°～10°)　　E. 非常平缓(1°～5°)

15. 您家拥有的最好的农业机械是？

A. 没有　　　　　　　B. 耕畜(耕牛等)　　　C. 小型拖拉机或手扶拖拉机

D. 机动车辆、大型或中型拖拉机、打谷机、收割机、机动三轮车

16. 您家做饭用什么燃料？

A. 柴禾或其他　　　　B. 煤或沼气(甲烷)

C. 天然气、煤液化石油气、电或者太阳能等

17. 您家购买过哪种类型的保险？移民前(　　　) 移民后(　　　)

A. 没有　　　　　　　B. 新农合　　　　　　C. 新农保

D. 商业保险(任何类型)

您家是否有人享受政府的低保补贴？　A. 是　　B. 否

二、生态环境和地质灾害

18. 您家所在的村庄附近植被覆盖面积如何？

A. 非常少　　　　　　B. 比较少　　　　　　C. 一般

D. 比较多　　　　　　E. 非常多

19. 您认为村里的空气质量状况如何？

    A. 非常差　　　　　　B. 比较差　　　　　　C. 一般

    D. 比较好　　　　　　E. 非常好

20. 您家耕地条件怎么样？

    A. 非常贫瘠　　　　　B. 较贫瘠　　　　　　C. 一般

    D. 比较肥沃　　　　　E. 非常肥沃

21. 您所在地区存在水土流失现象吗？

    A. 非常严重　　　　　B. 较少　　　　　　　C. 一般

    D. 基本没有　　　　　E. 完全没有

22. 您家出现过缺水情况吗？

    A. 经常出现　　　　　B. 较常出现　　　　　C. 不常出现

    D. 偶尔出现　　　　　E. 从来不缺水

23. 您认为附近水库、河道或溪流的水质如何？

    A. 非常糟糕　　　　　B. 比较糟糕　　　　　C. 一般

    D. 比较好　　　　　　E. 非常好

24. 您所在村发生过以下哪些灾害性天气？（可多选）

    A. 大风　　　　　　　B. 暴雨　　　　　　　C. 冰雹

    D. 寒潮　　　　　　　E. 霜冻　　　　　　　F. 其他＿＿＿＿＿＿＿＿

25. 移民以来地质灾害发生次数及其影响情况：

灾害类型	次数	危险程度 (1~5)	损失程度 (1~5)	损失金额 (元)	房屋损失 情况	人员伤亡 情况
地震						
山体滑坡						
泥石流						
崩塌						
其他						

    备注：危险程度和损失程度：1 表示很轻微，2 表示较轻微，3 表示一般，4 表示较严重，5 表示非常严重。

三、经济社会环境

26. 您家距可打工的城镇有_____公里；道路材质：土路、石子、水泥或柏油；有无公交车：有/无。

您所在区域交通便利程度如何？

A. 很不方便　　　　　B. 不方便　　　　　C. 一般

D. 比较方便　　　　　E. 非常方便

27. 您认为中小学教育水平和教学条件如何？

A. 很不完善　　　　　B. 不完善　　　　　C. 基本完善

D. 比较完善　　　　　E. 很完善

28. 您认为政府的移民支持政策(如政府补贴、技术支持、信贷扶持等)完善程度如何？

A. 很不完善　　　　　B. 不完善　　　　　C. 基本完善

D. 比较完善　　　　　E. 很完善

29. 若遇到突发疾病或紧急事件，最快_____分钟能得到救援？（如从拨打 120 到住进医院需多长时间？）

您所在区域的日常诊疗和发生突发事件紧急救援能力如何(医疗卫生)？

A. 很不好　　　　　　B. 不好　　　　　　C. 一般

D. 比较好　　　　　　E. 很好

30. 您家是否装有电话或使用手机？移民前(是/否) 移民后(是/否)；是否办理了宽带网络？移民前(是/否) 移民后(是/否)。

31. 当前居住区域地震滑坡泥石流等地质灾害的预警和响应措施完善程度如何？

A. 很不完善　　　　　B. 不完善　　　　　C. 基本完善

D. 比较完善　　　　　E. 很完善

32. 如遇突发自然灾害或紧急事件时，您更希望通过向何种关系求助缓解生活紧张状况？

A. 亲缘、血缘关系者(家庭成员和亲属)

B. 地缘和非亲缘、血缘关系者(指邻居、朋友、同事、当地领导干部或组织

等)

C. 村委会或乡(镇)政府机构

D. 公益团体等非政府组织

E. 其他_____

33. 当前居住区村落空心化(劳动力外部转移)严重程度?

A. 没有　　　　　　　B. 不严重　　　　　　C. 一般

D. 严重　　　　　　　E. 非常严重

34. 您对村干部创收和保护生态的模范带头作用的满意程度?

A. 非常不满意　　　　B. 较不满意　　　　　C. 一般

D. 比较满意　　　　　E. 非常满意

35. 您的生态环境的保护意识如何?

A. 很低　　　　　　　B. 较低　　　　　　　C. 一般

D. 比较高　　　　　　E. 非常高

36. 您觉得移民之后是否适应当前的社区文化环境?

A. 很不适应　　　　　B. 不适应　　　　　　C. 一般

D. 比较适应　　　　　E. 非常适应

37. 您觉得所在村村务公开情况如何?

A. 很不公开　　　　　B. 不公开　　　　　　C. 一般

D. 比较公开　　　　　E. 非常公开

你觉得民主决策参与的难易程度如何?

A. 很难　　　　　　　B. 比较难　　　　　　C. 一般

D. 比较容易　　　　　E. 非常容易

四、移民减贫诉求

38. 您对目前的家庭经济状况满意程度?

A. 非常不满意　　　　B. 不是很满意　　　　C. 一般

D. 有点满意　　　　　E. 非常满意

39. 您对今后提高家庭生活水平有多大信心?

A. 完全没有信心　　　B. 不是很有信心　　　C. 一般

D. 有点信心　　　　　E. 非常有信心

40. 为提高收入水平，您希望从哪些方面来获得服务和帮助？

A. 信息　　　　　　　B. 资金　　　　　　　C. 技术

D. 其他_____

41. 您认为您家生活状况不尽如人意的主要原因是什么？

_____

_____

42. 您有哪些要求（诉求）？

序号	主要诉求	诉求的具体内容	有/无	诉求强烈程度	诉求满足程度
1	信息扶持	通过各种渠道获取信息、了解政策			
2	能力建设	生产技能培训或扫盲培训等			
3	利益共享	公共投资移民入股分红			
4	资金扶持	信贷资金、民间借贷			
5	贷款渠道	各种贷款渠道能方便农户获取资金支持			
6	环境改善	村容村貌及裸露荒山等生存环境的改善			
7	灾害防范	灾害预警及风险应对能力的提高			
8	灾害修复	灾后房屋修缮、心理援助等			
9	话语权	库区贫困人口反映诉求的要求、参与对话的能力			
10	文教脱贫	教育水平的提高、教育基础设施的改善			
11	医疗水平	医疗水平的提高、医疗设施的改善			
12	弱势群体	妇女、老人、儿童及残疾人等增收能力的提高			
13	社会保障	新农合、新农保以及灾害补助等			
14	发展旅游	希望获取就业机会			
15	生态农业	为家庭经营（农家乐、农家果园等）提供机会			
16	产业扶持	提供创业和就业机会等			

序号	主要诉求	诉求的具体内容	有/无	诉求强烈程度	诉求满足程度
17	政策支持	国家和地方政府出台帮扶移民脱贫致富的政策			

感谢您的参与和大力支持！

中国地质大学(武汉)经济管理学院课题组